TRAITÉ

PRATIQUE ET TRÈS-ÉLÉMENTAIRE

SUR LES

PRIVILÉGES ET HYPOTHÈQUES

PAR DEMANDES ET PAR RÉPONSES

CONTENANT SEULEMENT TOUT CE QU'IL EST NÉCESSAIRE DE SAVOIR

SUR LES

PRIVILÉGES, LES HYPOTHÈQUES, LES INSCRIPTIONS,
LA TRANSCRIPTION ET LA PURGE

OUVRAGE COMBINÉ AVEC LES LOIS LES PLUS RÉCENTES

SUIVI DES MODÈLES DE TOUTES LES INSCRIPTIONS A PRENDRE

TERMINÉ PAR UNE TABLE ALPHABÉTIQUE ET ANALYTIQUE DES MATIÈRES

PAR M. LANDOUZY

Conservateur des Hypothèques.

QUATRIÈME ÉDITION

Mise au courant de la doctrine et de la jurisprudence.

PARIS

COTILLON, ÉDITEUR, LIBRAIRE DU CONSEIL D'ÉTAT

Au coin de la rue Soufflot, 23

1862

TRAITÉ

TRAITÉ

SUR LES

PRIVILÉGES ET HYPOTHÈQUES

Paris. — Imprimé par E. Thunot et C°, 26, rue Racine.

TRAITÉ

PRATIQUE ET TRÈS-ÉLÉMENTAIRE

SUR LES

PRIVILÉGES ET HYPOTHÈQUES

PAR DEMANDES ET PAR RÉPONSES

CONTENANT SEULEMENT TOUT CE QU'IL EST NÉCESSAIRE DE SAVOIR

SUR LES

PRIVILÉGES, LES HYPOTHÈQUES, LES INSCRIPTIONS,

LA TRANSCRIPTION ET LA PURGE

OUVRAGE COMBINÉ AVEC LES LOIS LES PLUS RÉCENTES

SUIVI DES MODÈLES DE TOUTES LES INSCRIPTIONS A PRENDRE

TERMINÉ PAR UNE TABLE ALPHABÉTIQUE ET ANALYTIQUE DES MATIÈRES

PAR M. LANDOUZY

Conservateur des Hypothèques.

QUATRIÈME ÉDITION

Mise au courant de la doctrine et de la jurisprudence

PARIS

COTILLON, ÉDITEUR, LIBRAIRE DU CONSEIL D'ÉTAT

Au coin de la rue Soufflot, 23

1862

La connaissance de notre système hypothécaire, malgré son importance et son application quotidienne, est généralement peu répandue en France.

D'éminents jurisconsultes ont sérieusement traité cette matière et puissamment contribué à lever les difficultés et à porter la lumière dans les parties nombreuses qui présentent des obscurités.

Mais leurs ouvrages volumineux et pleins de science ne peuvent guère être compris et appréciés que par les fonctionnaires de l'ordre judiciaire, les officiers ministériels et les praticiens émérites.

En dehors des magistrats, des conservateurs des hypothèques, des avocats, des notaires et des avoués, il est peu de personnes qui lisent MM. Persil, Grenier, Troplong, Paul Pont, Hervieu, etc.

Il manquait donc, à notre avis, un ouvrage *très-élémentaire*, essentiellement utile à ceux qui ne peuvent ou n'osent s'aventurer dans l'étude de ces textes étendus, et nous ne l'avons fait que pour les étudiants, pour les clercs, pour les propriétaires qui vendent et achètent des immeubles, pour ceux qui prêtent et empruntent des capitaux sur hypothèques; en un mot, pour tous ceux qui ne *savent pas* et qui ont besoin de savoir.

En imprimant ce petit livre, espèce de *vade-mecum*, par demandes et par réponses, nous n'avons pas eu la prétention de nous élever à la hauteur des autorités dont nous venons de citer les noms bien connus. Notre seule pensée a été de mettre *à la portée de tout le monde* ce que nos Codes renferment de plus important à connaître et en même temps de plus difficile à apprendre.

La faveur exceptionnelle qui vient d'accueillir notre première édition et le témoignage d'intérêt que nous avons reçu d'un des plus savants magistrats de la Cour de Paris, dont nous sommes heureux de pouvoir publier l'opinion, nous donnent la satisfaction de croire que notre pensée a été comprise et notre but atteint.

« Paris, 7 avril 1861.

« Monsieur le Conservateur,

« J'ai reçu depuis longtemps, de M. Cotillon, le manuscrit de votre *Traité pratique et très-élé-*

mentaire, *par demandes et réponses, sur les priviléges et hypothèques.* Mais les travaux nombreux dont je dois m'occuper dans les moments de liberté que me laisse l'exercice de mes fonctions ne m'avaient pas permis jusqu'ici de lire ce manuscrit sur lequel vous avez désiré avoir mon avis. J'ai profité des jours de vacances de la semaine de Pâques pour me livrer à cette lecture ; et je me félicite de l'avoir faite, parce qu'elle me permet de vous complimenter sur le travail que vous avez accompli.

« Je me suis placé au point de vue indiqué dans les quelques mots d'introduction qui précèdent votre Traité, et, après avoir examiné l'œuvre attentivement, je suis resté convaincu qu'il est impossible d'arriver plus exactement et plus utilement que vous ne l'avez fait à la réalisation de la pensée qui a inspiré votre travail. Tous ceux qui peuvent avoir des formalités hypothécaires à remplir trouveront, dans votre Traité, un guide qu'ils pourront suivre avec confiance. C'est l'unique prétention, dites-vous, que vous avez eue en écrivant, et vous avez prouvé que, de votre part, la prétention était parfaitement légitime. Je ne puis donc que vous encourager à publier ce petit livre, qui donnera certainement au public, auquel vous l'adressez spécialement, le guide qui lui manque et sans lequel il est exposé à de véritables dangers. Seulement, je pense que vous aurez à revoir et retoucher la partie de votre travail compris sous le n°........ Vous avez parlé là, etc., etc.

« Quoi qu'il en soit, je vous félicite encore une fois du travail que vous avez fait. Sous une enveloppe modeste, il renferme des renseignements précieux, et, bien que vous ayez voulu vous adresser à ceux qui ne savent pas, ceux qui savent ou croient savoir ne perdront rien à vous lire.

« Recevez, Monsieur, l'assurance de ma considération très-distinguée.

« P. PONT,

Conseiller à la Cour impériale de Paris. »

TRAITÉ

SUR LES

PRIVILÉGES ET HYPOTHÈQUES.

LÉGISLATION

EN VIGUEUR

CONCERNANT LA CONSERVATION DES HYPOTHÈQUES.

Il ne nous paraît pas sans utilité, avant d'entrer en matière, de reproduire les principales dispositions des lois concernant la conservation des hypothèques.

Ce livre étant destiné aux étudiants et à ceux qui ne savent pas, il est important pour eux de connaître les lois nouvelles et les articles des lois anciennes qui restent en vigueur aujourd'hui.

Voici le texte de ces lois :

Organisation des hypothèques.

1. La conservation des hypothèques est co fiée à l'administration de l'Enregistrement et des Domaines. (Art. 1ᵉʳ de la loi du 21 ventôse an VII.)

2. Il y a un bureau d'hypothèques par chaque arrondissement de tribunal de première instance. Ce bureau est établi dans la commune où siége le tribunal. (Art. 2 de la même loi.)

3. Les conservateurs des hypothèques sont chargés de l'exécution des formalités civiles pour la conservation des hypothèques et la transcription des contrats translatifs de propriétés. (Art. 3 de la même loi.)

4. Les conservateurs des hypothèques sont tenus de délivrer, à tous ceux qui le requièrent, copie des actes transcrits sur leurs registres et celle des inscriptions subsistantes, ou certificat qu'il n'en existe aucune. (Art. 2196 du C. N.)

5. Ils sont responsables du préjudice résultant, — 1° De l'omission, sur leurs registres, des transcriptions d'actes de mutation et des inscriptions requises en leurs bureaux; — 2° du défaut de men-

tion, dans leurs certificats, d'une ou de plusieurs des inscriptions existantes, à moins, dans ce dernier cas, que l'erreur ne provînt de désignations insuffisantes qui ne pourraient leur être imputées. (Art. 2197 du C. N.)

Responsabilité des conservateurs. — Obligations qui leur sont imposées.

6. L'immeuble à l'égard duquel le conservateur aurait omis dans ses certificats une ou plusieurs des charges inscrites, en demeure, sauf la responsabilité du conservateur, affranchi dans les mains du nouveau possesseur, pouvu qu'il ait requis le certificat depuis la transcription de son titre ; sans préjudice néanmoins du droit des créanciers de se faire colloquer suivant l'ordre qui leur appartient, tant que le prix n'a pas été payé par l'acquéreur, ou tant que l'ordre fait entre les créanciers n'a pas été homologué. (Art. 2198 du même Code.)

7. Dans aucun cas, les conservateurs ne peuvent refuser ni retarder la transcription des actes de mutation, l'inscription des droits hypothécaires, ni la délivrance des certificats requis, sous peine des dommages et intérêts des parties; à l'effet de quoi,

procès-verbaux des refus ou retardements seront, à la diligence des requérants, dressés sur-le-champ, soit par un juge de paix, soit par un huissier audiencier du tribunal, soit par un autre huissier ou un notaire assisté de deux témoins. (Art. 2199 du même Code.)

8. Les conservateurs seront tenus d'avoir un registre sur lequel ils inscriront, jour par jour et par ordre numérique, les remises qui leur seront faites d'actes de mutation pour être transcrits, ou de bordereaux pour être inscrits : ils donneront au requérant une reconnaissance sur papier timbré, qui rappellera le numéro du registre sur lequel la remise aura été inscrite, et ils ne pourront transcrire les actes de mutation ni inscrire les bordereaux sur les registres à ce destinés, qu'à la date et dans l'ordre des remises qui leur en auront été faites. (Art. 2200 du même Code.)

9. Tous les registres des conservateurs sont en papier timbré, cotés et parafés à chaque page, par première et dernière, par l'un des juges du tribunal dans le ressort duquel le bureau est établi. Les registres seront arrêtés chaque jour comme ceux d'enregistrement des actes. (Art. 2201 du même Code.)

10. Les conservateurs seront tenus de se confor-

mer, dans l'exercice de leurs fonctions, à toutes les dispositions du précédent chapitre, à peine d'une amende de deux cents à mille francs pour la première contravention, et de destitution pour la seconde ; sans préjudice des dommages et intérêts des parties, lesquels seront payés avant l'amende. (Art. 2202 du même Code.)

11. Les mentions de dépôts, les inscriptions et transcriptions, sont faites sur les registres, de suite, sans aucun blanc ni interligne, à peine, contre le conservateur, de mille à deux mille francs d'amende, et des dommages et intérêts des parties, payables aussi par préférence à l'amende. (Article 2203 du même Code.)

Droits d'hypothèques.

12. Il est perçu, au profit de l'État, un droit sur l'inscription des créances hypothécaires et un droit sur la transcription des actes emportant mutation de propriétés immobilières. (Art. 19 de la loi du 21 ventôse an VII.)

13. Le droit d'inscription est fixé à 1 fr. pour 1,000 fr.; le droit de transcription est invariablement

fixé à 1 fr., quel que soit le montant de la vente, lorsque le droit proportionnel a été perçu à l'enregistrement.

14. Les droits et salaires dus pour les formalités hypothécaires sont payés d'avance par les requérants; le conservateur en délivre quittance au pied des actes et certificats. (Art. 27 de la loi du 21 ventôse an VII.)

15. Il ne sera payé qu'un seul droit d'inscription pour chaque créance, quel que soit d'ailleurs le nombre de créanciers requérants et celui des débiteurs grevés. (Loi du 21 ventôse an VII, art. 21.)

16. S'il y a lieu à inscription d'une même créance dans plusieurs bureaux, le droit sera acquitté en totalité dans le premier bureau; il ne sera payé pour chacune des autres inscriptions que le simple salaire du préposé, sur la représentation de la quittance constatant le payement entier du droit lors de la première inscription.

En conséquence, le préposé dans le premier bureau sera tenu de délivrer à celui qui payera le droit, indépendamment de la quittance au pied du bordereau d'inscription, autant de duplicata de ladite quittance qu'il lui en sera demandé.

Il sera payé au préposé vingt-cinq centimes pour

chaque duplicata, outre le papier timbré. (Art. 22 de la même loi, combiné avec le décret du 21 septembre 1810.)

17. L'inscription indéfinie, qui a pour objet la conservation d'un simple droit d'hypothèque éventuelle, sans créance existante, n'est point sujette au droit proportionnel établi par la loi. (Loi du 6 messidor an VII, art. 1er.)

18. Si le droit éventuel qui a donné lieu à l'inscription indéfinie se convertit en créance réelle, le droit proportionnel est dû sur le capital de la créance, (Art. 2. de la même loi.)

19. Les frais des inscriptions sont à la charge du débiteur s'il n'y a stipulation contraire; l'avance en est faite par l'inscrivant, si ce n'est quant aux hypothèques légales, pour l'inscription desquelles le conservateur a son recours contre le débiteur. (C. N., art. 2155.)

20. Si le même. acte donne lieu à la transcription dans plusieurs bureaux, le droit sera acquitté ainsi qu'il est dit à l'article 16 ci-dessus pour les inscriptions. (Loi du 21 ventôse an VII, art. 26.)

Inscriptions des créances hypothécaires.

21. Les inscriptions se font au bureau de la conservation des hypothèques dans l'arrondissement duquel sont situés les biens soumis au privilége ou à l'hypothèque. (C. N. art. 2146.)

22. Pour opérer l'inscription, le créancier représente soit par lui-même, soit par un tiers, au conservateur des hypothèques, l'original, en brevet ou en expédition authentique, du jugement ou de l'acte qui donne naissance au privilége ou à l'hypothèque.

Il y joint deux bordereaux écrits sur papier timbré, dont l'un peut être porté sur l'expédition du titre; ils contiennent :

1° Les noms, prénoms, domicile du créancier, sa profession, s'il en a une, et l'élection d'un domicile pour lui, dans un lieu quelconque de l'arrondissement du bureau;

2° Les nom, prénom, domicile du débiteur, sa profession, s'il en a une connue, ou une désignation individuelle et spéciale, telle que le conservateur puisse reconnaître et distinguer dans tous les cas l'individu grevé d'hypothèque;

3° La date et la nature du titre;

4° Le montant du capital des créances exprimées dans le titre, ou évaluées par l'inscrivant, pour les rentes et prestations ou pour les droits éventuels, conditionnels ou indéterminés, dans le cas où cette évaluation est ordonnée, comme aussi le montant des accessoires de ces capitaux, et l'époque de l'exigibilité;

5° L'indication de l'espèce et de la situation des biens sur lesquels il entend conserver son privilége ou son hypothèque.

Cette dernière disposition n'est pas nécessaire dans le cas des hypothèques légales ou judiciaires : à défaut de convention, une seule inscription, pour ces hypothèques, frappe tous les immeubles compris dans l'arrondissement du bureau. (Art. 2148 du C. N.)

23. Le conservateur fait mention sur son registre du contenu aux bordereaux, et remet au requérant tant le titre ou l'expédition du titre que l'un des bordereaux au pied duquel il certifie avoir fait l'inscription. (Art. 2150 du C. N.)

Changement de domicile.

24. Il est loisible à celui qui a requis une inscription, ainsi qu'à ses représentants ou cessionnaires par acte authentique, de changer sur le registre des

hypothèques le domicile par lui élu, à la charge d'en choisir et indiquer un autre dans le même arrondissement. (Art. 2152 du C. N.)

Inscription par les syndics des faillites.

25. L'inscription que les agents et syndics d'une faillite doivent prendre sur les biens du failli, sera reçue sur un simple bordereau énonçant qu'il y a faillite, et relatant la date du jugement par lequel ils auront été nommés. (Art. 490 du C. C.)

Inscription de privilége de séparation de patrimoine.

25 *bis.* Les créanciers peuvent demander dans tous les cas et contre tous créanciers, la séparation du patrimoine du défunt, d'avec le patrimoine de l'héritier. (Art. 878 du C. N.)

25 *ter.* Les créanciers et légataires qui demandent la séparation du patrimoine du défunt, conformément à l'art. 878, conservent, à l'égard des créanciers des héritiers ou représentants du défunt, leur privilége

sur les immeubles de la succession, par les inscriptions faites sur chacun de ces biens dans les six mois à compter de l'ouverture de la succession.

Avant l'expiration de ce délai aucune hypothèque ne peut être établie, avec effet sur ces biens, par les héritiers ou représentants au préjudice de ces créanciers légataires. (Art. 2111 du C. N.)

Disposition particulière.

26. Tout créancier pourra prendre inscription pour conserver les droits de son débiteur. (Art. 778 du C. P.)

Durée des inscriptions.

27. Les inscriptions conservent l'hypothèque et le privilége pendant dix années à compter du jour de leur date ; leur effet cesse si ces inscriptions n'ont été renouvelées avant l'expiration de ce délai. (Art. 2154 du C. N.)

Radiation des inscriptions.

28. Les inscriptions seront rayées du consentement des parties intéressées et ayant capacité à cet effet, ou en vertu d'un jugement en dernier ressort ou passé en force de chose jugée. (Art. 2157 du C. N.)

29. Dans l'un et l'autre cas, ceux qui requièrent la radiation déposent au bureau du conservateur l'expédition de l'acte authentique portant consentement, ou celle du jugement. (Art. 2158 du C. N.)

30. Les jugements qui prononcent une radiation d'inscription hypothécaire ne seront exécutoires, même après les délais de l'opposition ou de l'appel, que sur le certificat de l'avoué de la partie poursuivante, contenant la date de la signification du jugement faite au domicile de la partie condamnée, et sur l'attestation du greffier constatant qu'il n'existe contre le jugement ni opposition ni appel. (Art. 548 du C. P.)

Transcription.

31. Les contrats translatifs de la propriété d'immeubles ou droits réels immobiliers, que les tiers dé-

tenteurs voudront purger des priviléges et hypothèques, seront transcrits en entier par le conservateur
des hypothèques dans l'arrondissement duquel les
biens sont situés.

Cette transcription se fera sur un registre à ce destiné, et le conservateur sera tenu d'en donner reconnaissance au requérant. (Art. 2181 du C. N.)

32. Lorsqu'il y aura donation de biens susceptibles
d'hypothèques, la transcription des actes contenant la
donation et l'acceptation, ainsi que la notification de
l'acceptation qui aurait eu lieu par acte séparé, devra
être faite au bureau des hypothèques dans l'arrondissement duquel les biens sont situés. (Art. 939 du
C. N.)

33. Les frais de la transcription qui peut être requise par le vendeur sont à la charge de l'acquéreur.
(Art. 2155 du C. N.)

Expropriations pour cause d'utilité publique.

34. A défaut de conventions amiables, soit avec
les propriétaires des terrains ou bâtiments dont la
cession est reconnue nécessaire, soit avec ceux qui

les représentent, le préfet transmet au procureur impérial dans le ressort duquel les biens sont situés la loi ou l'ordonnance qui autorise les travaux, et l'arrêté du préfet qui détermine les propriétés qui doivent être cédées et l'époque à laquelle il sera nécessaire d'en prendre possession. (Art. 13 combiné avec l'art. 11. Loi du 3 mai 1841.)

35. Dans les trois jours et sur la production des pièces constatant que les formalités prescrites par l'art. 2, titre Ier, et par le titre II (de ladite loi) ont été remplies, le procureur impérial requiert et le tribunal prononce l'expropriation pour cause d'utilité publique des terrains ou bâtiments indiqués dans l'arrêté du préfet. Le même jugement commet un des membres du tribunal pour remplir les fonctions attribuées par le titre IV, chapitre II, au magistrat directeur du jury chargé de fixer l'indemnité. (Art. 14 de la même loi.)

36. Le jugement est publié et affiché, par extrait, dans la commune de la situation des biens ; il est, en outre, inséré dans l'un des journaux de l'arrondissement et dans un de ceux du chef-lieu du département. Cet extrait, contenant les noms des propriétaires, les motifs et le dispositif du jugement, leur est notifié au domicile qu'ils auront élu dans l'arrondissement de la situation des biens par une déclaration faite à la

mairie de la commune où les biens sont situés ; et dans le cas où cette élection de domicile n'aurait pas eu lieu, la notification de l'extrait sera faite en double copie au maire et au fermier, locataire, gardien ou régisseur de la propriété. Toutes les autres notifications prescrites par la présente loi seront faites dans la formule ci-dessus indiquée. (Art. 15 de la même loi.)

37. Le jugement sera immédiatement transcrit au bureau de la conservation des hypothèques de l'arrondissement, conformément à l'art. 2181 du Code Napoléon, après l'accomplissement des formalités prescrites par l'art. 15 de la présente loi. (Art. 16 de la même loi.)

38. Les actions en résolution, en revendication, et toutes autres actions réelles, ne pourront arrêter l'expropriation, ni en empêcher l'effet. Le droit des réclamants sera transporté sur le prix, et l'immeuble en demeurera affranchi. (Art. 18 de la même loi.)

39. Les règles posées dans le premier paragraphe de l'article 15 et dans les articles 16, 17 et 18 sont applicables dans le cas de conventions amiables passées entre l'administration et les propriétaires ; cependant l'administration peut, sauf les droits des tiers et sans accomplir les formalités ci-dessus tra-

cées, payer le prix des acquisitions dont la valeur ne s'élèverait pas au-dessus de cinq cents francs. — Le défaut d'accomplissement des formalités de la purge des hypothèques n'empêche pas l'expropriation d'avoir son cours ; sauf, pour les parties intéressées, à faire valoir leurs droits ultérieurement, dans les formes déterminées par le titre IV de la présente loi. (Art. 19 de la même loi.)

40. Le jugement ne pourra être attaqué que par la voie du recours en cassation, et seulement pour incompétence, excès de pouvoir ou vice de forme du jugement. (Art. 20 de la même loi.)

41. Il ne sera perçu aucun droit pour la transcription au bureau des hypothèques des jugements et contrats faits en vertu de la présente loi. (Art. 58 de la même loi.)

___

Transcription (loi du 23 mars 1855).

42. Sont transcrits au bureau des hypothèques de la situation des biens :

1° Tout acte entre-vifs translatif de propriété immobilière ou de droits réels susceptibles d'hypothèque ;

2° Tout acte portant renonciation à ces mêmes droits ;

3° Tout jugement qui déclare l'existence d'une convention verbale de la nature ci-dessus exprimée ;

4° Tout jugement d'adjudication, autre que celui rendu sur licitation au profit d'un cohéritier ou d'un copartageant. (Art. 1er de la loi du 23 mars 1855.)

43. Sont également transcrits :

1° Tout acte constitutif d'antichrèse, de servitude, d'usage et d'habitation ;

2° Tout acte portant renonciation à ces mêmes droits ;

3° Tout jugement qui en déclare l'existence en vertu d'une convention verbale ;

4° Les baux d'une durée de plus de dix-huit années ;

5° Tout acte ou jugement constatant, même pour bail de moindre durée, quittance ou cession d'une somme équivalente à trois années de loyer ou de fermages non échus. (Art. 2 de la même loi.)

44. Jusqu'à la transcription, les droits résultant des actes et jugements énoncés aux articles précédents ne peuvent être opposés aux tiers qui ont des droits sur l'immeuble et qui les ont conservés en se conformant aux lois.

Les baux qui n'ont point été transcrits ne peuvent jamais leur être opposés pour une durée de plus de dix-huit ans. (Art. 3 de la même loi.)

45. Tout jugement prononçant la résolution, nullité ou rescision d'un acte transcrit, doit, dans le mois, à dater du jour où il a acquis l'*autorité* de la chose jugée, être mentionné en marge de la transcription faite sur le registre.

L'avoué qui a obtenu ce jugement est tenu, sous peine de 100 fr. d'amende, de faire opérer cette mention, en remettant un bordereau rédigé et signé par lui au conservateur qui lui en donne récépissé. (Art. 4 de la même loi.)

46. Le conservateur, lorsqu'il en est requis, délivre, sous sa responsabilité, l'état *spécial ou général* des transcriptions et mentions prescrites par les articles précédents. (Art. 5 de la même loi.)

47. A partir de la transcription, les créanciers privilégiés ou ayant hypothèque aux termes des art. 2123, 2127 et 2128 du Code Napoléon, ne peuvent prendre utilement inscription sur le précédent propriétaire.

Néanmoins, le vendeur ou le copartageant peuvent utilement inscrire les priviléges à eux conférés par les art. 2103 et 2109 du Code Napoléon dans les quarante-cinq jours de l'acte de vente ou de partage, nonobstant toute transcription d'actes faits dans ce délai.

Les art. 834 et 835 du Code de procédure civile sont abrogés. (Art. 6 de la même loi.)

48. L'action résolutoire établie par l'art. 1654 du Code Napoléon ne peut être exercée, après l'extinction du privilége du vendeur, au préjudice des tiers qui ont acquis des droits sur l'immeuble du chef de l'acquéreur, et qui se sont conformés aux lois pour les conserver. (Art. 7 de la même loi.)

49. Si la veuve, le mineur devenu majeur, l'interdit relevé de l'interdiction, leurs héritiers ou ayants cause n'ont pas pris inscription dans l'année qui suit la dissolution du mariage ou la tutelle, leur hypothèque ne date, à l'égard des tiers, que du jour des inscriptions prises ultérieurement. (Art. 8 de la même loi.)

50. *Dans le cas où les femmes peuvent céder leur hypothèque légale ou y renoncer, cette cession ou cette renonciation doit être faite par acte authentique,* et les cessionnaires n'en sont saisis à l'égard des tiers que par l'inscription de cette hypothèque prise à leur profit, ou par la mention de la subrogation en marge de l'inscription préexistante.

Les dates des inscriptions ou mentions déterminent

l'ordre dans lequel ceux qui ont.obtenu des cessions ou renonciations exercent les droits hypothécaires de la femme. (Art. 9 de la même loi.)

51. La présente loi est exécutoire à partir du 1er janvier 1856. (Art. 10 de la même loi.)

52. Les articles 1, 2, 3, 4 et 9 ci-dessus ne sont pas applicables aux actes ayant acquis date certaine et aux jugements rendus avant le 1er janvier 1856.

Leur effet est réglé par la législation sous l'empire de laquelle ils sont intervenus.

Les jugements prononçant les résolution, nullité ou rescision d'un acte non transcrit, mais ayant date certaine avant la même époque, doivent être transcrits conformément à l'article 4 de la présente loi.

Le vendeur dont le privilége serait éteint au moment où la présente loi deviendra exécutoire, pourra conserver vis-à-vis des tiers l'action résolutoire qui lui appartient, aux termes de l'article 1654 du Code Napoléon, en faisant inscrire son action au bureau des hypothèques, dans le délai de six mois à partir de la même époque.

L'inscription exigée par l'art. 8 doit être prise dans l'année à compter du jour où la loi est exécutoire; à défaut d'inscription dans ce délai, l'hypothèque légale ne prend rang que du jour où elle est ultérieurement inscrite.

Il n'est point dérogé aux dispositions du Code Napoléon relatives à la transcription des actes portant donation *ou contenant des dispositions à charge de rendre;* elles continueront à recevoir leur exécution. (Art. 11 de la même loi.)

53. Jusqu'à ce qu'une loi spéciale détermine les droits à percevoir, la transcription des actes ou jugements qui n'étaient pas soumis à cette formalité avant la présente loi, est faite moyennant le droit fixe d'un franc. (Art. 12 de la même loi.)

PRIVILÉGES.

—

N° 1.

Qu'est--ce que le privilége?
Le privilége est un droit que la qualité de la créance donne à un créancier d'être préféré aux autres créanciers, même hypothécaires.

N° 2.

Le privilége prévaut-il sur l'hypothèque?
Le privilége prévaut sur l'hypothèque ; il s'attache à la chose et donne sur elle un droit réel. C'est la faveur de la cause qui décide du rang entre priviléges.

Avant d'aller plus loin, nous allons faire de suite la distinction entre le privilége et l'hypothèque.

N° 3.

Qu'est-ce que l'hypothèque?
L'hypothèque est un droit réel sur les immeubles affectés à l'acquittement d'une obligation ; elle est de sa nature indivisible et subsiste en entier sur tous les

immeubles affectés, sur chacun et sur chaque portion de ces immeubles, elle les suit dans quelques mains qu'ils passent.

N° 4.

Que faut-il entendre de l'indivisibilité de l'hypothèque?

L'effet de l'indivisibilité de l'hypothèque est tel, que, quand même une portion de l'immeuble aurait été, par des circonstances extraordinaires, vendue franche et quitte de toutes charges, le créancier conserverait le droit de poursuivre le payement de la totalité de sa créance contre les détenteurs, c'est-à-dire contre les acquéreurs.

Il résulte également de ce principe que, si le débiteur divisait le gage en aliénant la plus petite partie de l'immeuble, les créanciers auraient le droit d'exiger le remboursement de la totalité de la créance, lors même que cette créance ne serait pas exigible.

L'hypothèque, dit Hervieu, est indivisible, en ce sens qu'elle ne peut être morcelée et purgée partiellement.

N° 5.

Quelle différence y a-t-il entre le privilége et l'hypothèque?

Une différence essentielle existe : le privilége dérive de la nature et de la qualité de la créance; il atteint soit les meubles et les immeubles, soit les immeubles seulement. Il existe indépendamment de toutes inscriptions pour les créances énoncées en l'article 2101 du Code Napoléon, qui sont :

Les frais de justice;

Les frais funéraires;

Les frais quelconques de dernières maladies;

Les salaires de gens de service pour l'année échue et ce qui est dû sur l'année courante;

Les fournitures de subsistances faites aux débiteurs et à la famille pendant les six derniers mois par les marchands en détail, et pendant la dernière année par les maîtres de pension et les marchands en gros.

Et il existe sur les immeubles pour les créanciers désignés en l'article 2103 du Code Napoléon, qui sont :

1° Le vendeur sur l'immeuble vendu, pour le payement du prix; s'il y a plusieurs ventes successives dont le tout soit dû en tout ou partie, le premier vendeur est préféré au second, et ainsi de suite;

2° Ceux qui ont fourni les deniers pour l'acquisition d'un immeuble, pourvu qu'il soit authentiquement constaté par l'acte d'emprunt que la somme était destinée à cet emploi, et, par la quittance du vendeur, que ce payement a été fait des deniers empruntés;

3° Les cohéritiers sur les immeubles de la succession pour la garantie des partages faits entre eux et des soultes ou retours des lots;

4° Les architectes, maçons et autres ouvriers, sur les bâtiments, canaux et autres ouvrages quelconques qu'ils ont édifiés, reconstruits ou réparés.

5° Ceux qui ont prêté les deniers pour payer les ouvriers jouissent du même priviiége, pourvu que cet emploi soit authentiquement constaté par l'acte d'emprunt et par les quittances des ouvriers.

Il y a encore le privilége du trésor public sur les biens des condamnés.

L'hypothèque, au contraire, n'est en général que l'effet de la convention; elle ne peut grever que les immeubles; elle ne s'acquiert qu'en vertu d'un titre authentique et qu'en accomplissant les formalités déterminées par la loi.

L'hypothèque n'est que l'accessoire d'une obligation, elle n'existe qu'avec elle; dès l'instant que l'obligation vient à disparaître, l'hypothèque est sans effet.

Il y a donc, entre les créanciers privilégiés et les créanciers hypothécaires, cette différence que les premiers sont préférés aux seconds.

DU PRIVILÉGE SUR LES IMMEUBLES.

Pour continuer le mode suivi, nous allons entrer dans quelques détails touchant le privilége sur les immeubles, pour en donner ensuite sur l'hypothèque.

Avant la mise en vigueur de la loi nouvelle sur la transcription, le privilége du vendeur existait indépendamment de toute inscription. C'était fort commode pour le vendeur, qui n'avait pas alors beaucoup à s'en inquiéter, puisque même, après la perte de son privilége, il lui restait l'action résolutoire au moyen de laquelle, s'il ne touchait pas son prix de vente, il était certain de reprendre son domaine promptement et à très- peu de frais.

Mais depuis le 1er janvier 1856, le privilége n'existant que s'il est inscrit, et la perte de ce privilége entraînant à sa suite l'action résolutoire (art. 7), il devient de la plus haute importance pour le vendeur de ne pas s'endormir dans une sécurité dangereuse et de veiller à ce que ses droits soient conservés.

Du privilége du vendeur.

N° 6.

Que doit faire le vendeur pour conserver son privi-lége?

Aux termes du Code Napoléon et de la nouvelle loi sur la transcription, le privilége se conserve par la transcription du contrat d'acquisition ; le conservateur des hypothèques est tenu de prendre une inscription d'office contre l'acquéreur. Dans ce cas, le vendeur n'a pas besoin de conserver autrement son privilége.

Il n'aurait pas à s'inquiéter à cet égard, s'il était toujours certain de la diligence de son acquéreur à remplir la formalité de la transcription ; mais comme il peut craindre une négligence de celui-ci, il est de son intérêt de prendre une inscription pour conserver son privilége.

On verra, au surplus, au n° 11 *bis* ci-après, le moyen de se prémunir contre la négligence de l'ac-quéreur.

N° 7.

Donnez-nous un modèle d'inscription de privilége de vendeur ?

Voir le numéro ci-après, 257.

N° 8.

Dans quel délai devra-t-il requérir cette inscription?

L'article 6 de la loi du 23 mars 1855 lui donne un délai de quarante-cinq jours à partir de la date de l'acte de vente.

(Voir le n° 24 ci-après.)

N° 9.

Le vendeur privilégié peut-il craindre l'effet d'une transcription de la revente que son acquéreur aurait pu faire pendant ce délai de quarante-cinq jours?

Non, et, pour le rassurer à cet égard, nous allons citer un exemple :

Philippe vend, moyennant 10,000 francs, à François, une maison située à Saint-Germain; le prix n'est payable que dans un an; mais François s'empresse de revendre à Jacques, qui, par une diligence malicieuse, fait transcrire avant que Philippe ait fait inscrire son privilége.

N° 10.

Dans ce cas, quelle sera la position de Philippe, premier vendeur?

Malgré cette transcription, Philippe conservera son privilége contre François, son acquéreur, pourvu, toutefois, que cette inscription de privilége soit prise dans les quarante-cinq jours à partir de la date de son acte de vente.

N° 11.

Le vendeur doit-il toujours et dans tous les cas prendre une inscription pour conserver son privilége ?

Non ; il n'a intérêt à le faire que quand son acquéreur n'a pas fait transcrire son contrat.

N° 11 (bis).

Ne vaut-il pas mieux, pour le vendeur, que son privilége soit conservé par la transcription du contrat que par l'inscription de privilége qu'il requerrait?

Il vaut mieux, pour lui, que son privilége soit conservé par la transcription, parce que cette formalité est à la charge et aux frais de son acquéreur; tandis qu'il serait tenu, en prenant une inscription de privilége, à une avance de frais, au payement d'un droit proportionnel, et qu'il assumerait sur lui la responsabilité des omissions et nullités de son inscription ; tandis que la transcription, valant inscription (art. 2101 C. N.), n'entraîne, pour l'inscription qui est prise d'office par le conservateur, aucun droit proportionnel, et que la responsabilité résultant des omissions ou nullités reste entièrement sur la tête de ce dernier.

Disons donc qu'il est préférable, pour la conservation du privilége du vendeur, de procéder par la transcription, en veillant à ce que cette formalité soit remplie *promptement*.

On nous objectera sans doute qu'il est difficile pour un vendeur de veiller à ce que son acquéreur fasse transcrire son contrat ; qu'il ne peut pas, tous les jours, se présenter au bureau des hypothèques pour s'assurer de l'exécution de cette formalité, parce que cette démarche, tout en étant peu dispendieuse (voir le n° 13 ci-après), occasionne des démarches et des déplacements quand le vendeur habite une localité éloignée du chef-lieu d'arrondissement.

On nous dira encore avec raison que le vendeur sera renvoyé de Caïphe à Pilate ; l'acquéreur de lui dire : « *Allez trouver le notaire.* » Le notaire de lui répondre : « *Allez voir l'acquéreur ; il s'est chargé de faire transcrire.* » Il est aisé de comprendre l'embarras du vendeur qui court après son privilége sans pouvoir l'atteindre.

Qu'il se rassure.

M. Troplong, dans son *Commentaire ;* M. Mourlon, dans son *Appendice ;* M. Ducruet, dans les *Études sur les difficultés de la loi sur la transcription,* et après eux, la chambre des notaires de Paris, donnent au vendeur le moyen de se garantir contre la négligence et le mauvais vouloir d'un acquéreur qui ne fait pas transcrire dans un bref délai.

Voici le moyen offert par M. Ducruet :

Le vendeur fera insérer dans son contrat de vente la clause suspensive suivante :

« Les présentes seront transcrites, dans le délai de « quinze jours, au bureau de la situation des biens. « Leur effet sera suspendu *entre les parties contrac-* « *tantes* jusqu'à l'accomplissement de cette forma- « lité. »

Cette condition suffirait certainement pour empê- cher tout retard, puisque la vente ne serait parfaite *entre les parties contractantes* que par la transcrip- tion.

Voilà le moyen présenté par la chambre des no- taires de Paris :

« L'acquéreur sera tenu de faire transcrire une « expédition du contrat au bureau des hypothèques « de..., et faute d'avoir justifié au vendeur, d'ici à « vingt jours, du dépôt de cette expédition audit bu- « reau par la notification qu'il lui fera faire, dans ce « délai, du certificat du dépôt délivré par le conser- « vateur, le vendeur sera autorisé à procéder lui- « même à cette transcription et à lever, à cet effet, « toute grosse ou expédition de son titre, le tout aux « frais de l'acquéreur. »

Ces deux moyens sont excellents ; ils répondent tous deux au besoin de la circonstance, et le vendeur peut choisir l'un ou l'autre avec la certitude d'arriver à ce que son privilége soit respecté.

Concluons donc, en disant que la transcription vaut mieux que l'inscription pour conserver le privilége du vendeur.

Ajoutons qu'il est très-important que ce privilége soit conservé *le plus tôt possible*, car la déclaration de faillite de l'acquéreur (art. 448 du C. de commerce), ou, en cas de décès, l'acceptation de sa succession sous bénéfice d'inventaire (art. 2146 du C. N.), étant deux circonstances qui arrêtent le cours des inscriptions, il en résulte que la créance du vendeur ne serait plus que chirographaire si la transcription ou l'inscription n'était venue préalablement conser- ver son privilége.

Nous savons que tous les auteurs ne sont pas de cet avis, mais nous avouons que nous donnons plutôt le conseil de s'en rapporter à cette opinion, qui est celle de MM. Troplong et Mourlon.

N° 12.

Comment le vendeur saura-t-il si le contrat est transcrit?

En se présentant au bureau des hypothèques et en demandant si l'acte a été, oui ou non, transcrit.

N° 13.

Cette demande est-elle dispendieuse?

Non ; car, dans l'un ou l'autre cas, le conservateur

devra délivrer un certificat qui ne coûtera que 1 franc 35 centimes.

N° 14.

Peut-on prendre une inscription de privilége en vertu d'un acte sous seings privés?

Oui; le vendeur peut, en vertu d'un acte sous seings privés, conserver son privilége par une inscription sans faire transcrire l'acte.

N° 14 (bis).

Les actes sous seings privés présentent-ils des dangers pour le vendeur?

Nous n'hésitons pas à dire qu'ils sont remplis d'inconvénients et de dangers aussi bien pour le vendeur que pour l'acquéreur.

RELATIVEMENT AU VENDEUR.

Il est obligé à faire enregistrer et transcrire *immédiatement*, car le délai de quarante-cinq jours, accordé pour la conservation du privilége, court de la date de l'acte et non de la date de l'enregistrement. En effet, le vendeur sait fort bien qu'il a signé l'acte *tel jour*; il en résulte qu'après le délai de quarante-cinq jours, le privilége et l'action résolutoire sont perdus si l'acquéreur vient à revendre et que le contrat de la revente soit transcrit.

RELATIVEMENT A L'ACQUÉREUR.

Il est à craindre que le concours solidaire de la femme à la vente des biens propres au mari ou des biens de communauté n'emporte pas la cession de son hypothèque légale ni la renonciation à cette hypothèque sur les biens vendus. En présence de l'art. 9 de la loi du 23 mars 1855, qui dit que cette cession ou cette renonciation ne pourra avoir lieu que par *acte authentique*, est-il bien prudent de s'endormir sur la foi d'un traité sous seings privés? Ne doit on pas craindre d'être réveillé par la nouvelle ou que le vendeur a perdu son privilége, ou que l'acquéreur est dépossédé d'un domaine qu'il avait amélioré?

Les sous seings privés présentent encore d'autres inconvénients ; ainsi, sur mille ventes sous signatures privées, il n'y en a pas deux dans lesquelles il soit fait mention d'une élection de domicile. Il en résulte que, quand le conservateur formule l'inscription d'office par suite de la transcription d'une vente sous seings privés, il ne supplée pas au silence de l'acte à cet égard. Dans ce cas, l'inscription pourrait être déclarée nulle. Nous savons qu'un éminent jurisconsulte, M. P. Pont, ne partage pas cette opinion ; mais tant que la jurisprudence n'est pas venue dire son dernier mot, l'incertitude est seule assez pénible pour qu'on cherche à s'en affranchir.

Nous savons encore que quand bien même l'inscription serait déclarée nulle pour défaut d'élection de domicile du vendeur, celui-ci ne perdrait pas pour cela sa créance, à laquelle reste attaché le droit de suite et le droit de préférence. Ce dernier droit est conservé par la transcription, qui vaut inscription (art. 2108 C. N.). Le premier de ces droits serait seul compromis et se perdrait par le défaut d'inscription ou la nullité et la péremption de cette inscription.   (P. Pont, n°ˢ 274 et 275.)

Mais n'est-ce pas énorme que de perdre son droit de suite qui éteint l'action résolutoire, pour n'avoir plus que son droit de préférence, et pour éviter tout embarras et toute incertitude, n'est-il pas plus prudent de s'adresser à un notaire pour la rédaction des ventes, plutôt que d'avoir à redouter les conséquences fâcheuses des inconvénients et des dangers nombreux que présentent les actes sous seings privés?

Voir au n° 225 *bis* ci-après les autres inconvénients des actes sous seings privés.

N° 15.

Le vendeur qui a perdu son privilége conserve-t-il toujours son action résolutoire?

Non; l'article 7 de la loi de 1855 fait périr l'action résolutoire en même temps que le privilége.

N° 16.

Comment le vendeur pourrait-il perdre son privilége?

En laissant périmer son inscription à une époque où il ne peut plus prendre une nouvelle inscription.

N° 17.

En cas de péremption de cette inscription de privilége, l'action résolutoire est-elle perdue?

Oui ; cette action suit le sort de l'inscription ; elle est perdue à l'égard des tiers nantis de droits réels.

N° 18.

Est-il nécessaire de renouveler l'inscription de privilége prise par le vendeur?

Certainement, puisqu'au bout de dix ans le privilége serait éteint avec l'action résolutoire.

N° 19.

Quand l'inscription de privilége a été prise d'office par le conservateur, est-ce à ce dernier à la renouveler?

La négative est évidente ; le conservateur ignore, après dix ans, si la créance du vendeur est ou non payée ; il lui serait, d'ailleurs, impossible de tenir note de toutes les ventes qu'il aurait transcrites, pour veiller, chaque jour, à ce que chaque inscription d'office fût renouvelée à son terme. C'est donc au vendeur à veiller, pour la conservation du privilége, au renouvellement de l'inscription d'office. (BAUDOT.)

N° 20.

Si la période de dix ans était écoulée et l'inscription périmée, faudrait-il encore renouveler cette inscription?

Sans doute, car si le vendeur avait encore la faculté de s'inscrire, son privilége renaîtrait par une nouvelle inscription en même temps que son action résolutoire.

N° 21.

Comment ce droit pourrait-il lui être conservé après la péremption de son inscription?

C'est dans le cas où son acquéreur serait toujours propriétaire de l'immeuble vendu.

N° 22.

Comment pourrait-il s'assurer si son acquéreur est toujours propriétaire de son immeuble?

En demandant au bureau des hypothèques si son

acquéreur a été dépossédé par un acte quelconque transcrit (1).

N° 23.

Cette demande entraine-t-elle à des frais considérables?

Non ; la réponse du conservateur, qu'elle qu'elle soit, ne coûtera que 1 franc 35 centimes.

N° 24.

Comment doit-on allier le délai fixé de quarante-cinq jours, rappelé au n° 8 ci-devant, avec la réponse faite aux n°s 20 et 21 ci-dessus ; puisque, dans l'un, on dit que les quarante-cinq jours partent à dater du jour de la vente, et que, dans les autres, on énonce que le privilége est conservé, quel que soit le délai dans lequel l'inscription soit requise, quand l'acquéreur est toujours propriétaire de l'immeuble vendu?

Ce délai de quarante-cinq jours est un délai de faveur inhérent aux droits du vendeur et courant sans aucune mise en demeure à partir du contrat, malgré toute transcription.

Mais si les quarante-cinq jours s'écoulent sans qu'une seconde vente soit transcrite, le vendeur sera

---

(1) On verra, en effet, au chapitre de la *Transcription*, article 201 ci-après, que c'est la transcription seule qui dépossède le vendeur à l'égard des tiers.

toujours à temps d'inscrire son privilége ; les choses sont, en effet, entières, et les quarante-cinq jours ne sont un délai fatal que lorsqu'il est survenu une transcription, soit *medio tempore*, soit après leur expiration sans inscription de privilége.

(TROPLONG.)

N° 24 (*bis*).

Comment le privilége se conserve-t-il, quand il résulte d'un acte fait avant le 1er janvier 1856?

Le privilége dérivant d'un acte fait avant la mise en vigueur de la loi nouvelle subsiste et peut être conservé jusqu'à la transcription de la revente ; l'extinction de ce privilége ne peut résulter que du défaut d'inscription ou de transcription du contrat de vente avant la revente faite par l'acquéreur grevé dudit privilége. Enfin, le privilége inscrit ou transcrit avant la transcription de la revente, prime les hypothèques inscrites contre l'acquéreur, même avant l'inscription du privilége.

Un jugement du tribunal civil d'Evreux, du 14 novembre 1856, a décidé le contraire, mais bien à tort, ainsi que le remarquent M. Ducruet (*Journal du Notariat*, n° 1200), et les rédacteurs du *Journal des notaires et des avocats*, art. 15951.

(*Observations sur la transcription*, par M⁰ T. R.)

Privilége de l'échangis.

N° 25.

L'échangiste a-t-il, comme le vendeur, un privilége à exercer pour la répétition de la soulte qui lui serait due par son copermutant ?

Certainement ; car l'article 1707 du Code Napoléon, après avoir tracé quelques dispositions relatives à l'échange, dit que ce dernier contrat reste soumis à toutes les dispositions du prix de la vente. Dès lors, il faut bien admettre que le privilége accordé par la loi au vendeur s'applique incontestablement à l'échangiste pour le retour en argent stipulé par le contrat d'échange, qui est un véritable prix.

L'échangiste a encore, indépendamment du privilége et de l'action résolutoire pour raison de la soulte qui lui est due, une action en répétition pour le cas d'éviction de l'immeuble qu'il a reçu en échange.

Cette action, que lui donne l'art. 1705 du Code Napoléon, ne se perd pas avec le privilége et l'action résolutoire. Elle n'arrive entre les mains de l'échangiste que s'il est évincé.

On voit que cette action est complétement indépendante du privilége que l'échangiste a le plus grand intérêt à conserver.

N° 26.

Comment conserve-t-on le privilége de l'échangiste?

On le conserve dans les formes, dans les termes et dans les délais fixés pour le privilége du vendeur, c'est-à-dire par la transcription de l'acte d'échange, auquel cas, le conservateur est tenu de prendre l'inscription de privilége au profit de celui qui doit recevoir la soulte.

A défaut de transcription, le privilége de l'échangiste se conserve par une inscription.

N° 27.

Comment cette inscription doit-elle être rédigée?
Voir le modèle au n° 258 ci-après.

Du privilége du prêteur de fonds.

N° 28.

Nous ne ferons qu'indiquer pour mémoire ce privilége, attendu que, pour qu'il puisse exister, il faut que les actes soient authentiques, c'est-à-dire reçus par un notaire. C'est à cet officier ministériel à prendre les mesures indiquées par la loi.

Nous nous bornerons simplement à dire que le deuxième privilége spécial énoncé en l'article 2105 est accordé à ceux qui ont fourni les deniers pour l'acquisition d'un immeuble.

Mais, pour qu'il puisse exister, il doit être authentiquement constaté par l'acte d'emprunt que la somme était destinée à payer d'autant le prix d'achat, et, par la quittance du vendeur, que le payement a été fait des deniers empruntés. Il ne suffirait pas que la destination et l'emploi des fonds empruntés fussent certains aux yeux des juges ; il est indispensable que le contrat renferme à la fois la preuve de cet emploi, la stipulation de la cause de subrogation et la reconnaissance du vendeur qu'il a reçu les deniers empruntés pour le désintéresser.

N° 29.

Comment se fait l'inscription de privilége du prêteur de fonds ?

Voir le modèle n° 259 ci-après.

Du privilége des cohéritiers ou copartageants sur les immeubles de la succession pour la garantie des partages faits entre eux et des soultes ou retours de lots.

N° 30.

Y a-t-il une différence entre le privilége du vendeur et celui du cohéritier ou copartageant?

Non, ces priviléges sont tout à fait identiques ; en effet, le cohéritier ou copartageant qui réclame une soulte ou la valeur des biens dont il a été dépossédé doit être considéré comme un vendeur d'une portion de biens qui devait composer son lot; ces priviléges ne sont, toutefois, identiques qu'en principe ; nous verrons, en effet, tout à l'heure, qu'ils ne se conservent ni de la même manière, ni dans les mêmes délais.

N° 31.

Que faut-il entendre par soulte?

On appelle soulte la somme qu'un héritier est obligé de payer à son cohéritier, lorsque son lot excède la portion afférente et qu'un retour est nécessaire pour établir l'équilibre.

N° 32.

Comment conserve-t-on le privilége des cohéritiers ou copartageants?

Le cohéritier ou copartageant conserve son privilége sur les biens de chaque lot ou sur les biens licités, pour les soultes ou retours de lots ou pour le prix de la licitation, par l'inscription faite à sa diligence dans soixante jours, à dater de l'acte de partage ou de l'adjudication par licitation, durant lequel temps aucune hypothèque ne peut avoir lieu sur le bien chargé de soulte ou adjugé par licitation.

N° 33.

Donnez-nous un modèle d'inscription de privilége de copartageant et un modèle d'inscription de privilége d'un colicitant.

Voir, ci-après, les n°ˢ 260 et 261.

N° 34.

Le cohéritier ou copartageant se trouve-il rangé dans la catégorie des vendeurs ordinaires, c'est-à-dire conserve-t-il son privilége, comme celui du vendeur, tant qu'il n'y a pas eu une revente transcrite ?

Non ; il est très-essentiel de faire remarquer l'immense différence qui existe entre les droits de chacun d'eux ; en effet le vendeur, comme nous l'avons dit plus haut, ne perd jamais son privilége tant que son acquéreur est en possession de l'immeuble vendu ; tandis que le cohéritier ou copartageant n'a que le délai fatal de soixante jours accordé par l'article 2109

du Code Napoléon ; s'il vient donc à laisser passer
ce délai de soixante jours, tout privilége est perdu
pour lui, et l'inscription qu'il prendra après cette époque ne viendra que comme inscription ordinaire à
son rang.

N° 35.

*Dans quel cas l'article 6 de la nouvelle loi sur la
transcription a-t-il dit que le cohéritier ou copartageant n'aurait que quarante-cinq jours pour requérir
son privilége ?*

Ce délai de quarante-cinq jours a été accordé aux
copartageants comme aux vendeurs, afin d'avoir le
temps de se prémunir contre l'effet d'une revente
transcrite dans ce délai.

M. P. Pont nous fait connaître qu'au privilége du
cohéritier ou copartageant sont attachés le droit de
suite et le droit de préférence. Le droit de suite se
perd par l'expiration du délai de quarante-cinq jours
accordé par l'article 6 de la loi du 23 mars pour
l'inscription du privilége; mais le délai de soixante
jours, à dater du partage, n'en existe pas moins pour
l'inscription de privilége au point de vue du droit de
préférence ; et, les choses étant entières d'ailleurs,
l'inscription faite dans ce dernier délai assure au copartageant son droit sur le prix, nonobstant l'aliénation et la transcription intermédiaires.

(P. PONT, *Des priviléges*, n° 318.)

N° 36.

Le privilége du cohéritier ou copartageant ne se conserve donc pas comme celui du vendeur?

Non, car le partage et la licitation n'ont pas besoin d'être transcrits, et, quand ils seraient soumis à cette formalité, le conservateur des hypothèques ne prendrait pas d'office l'inscription de privilége; il est donc indispensable que l'inscription soit prise à la diligence des parties.

N° 37.

N'y a t-il pas des cas où la vente par licitation doit donner lieu à la prise d'inscription d'office par le conservateur pour conserver le privilége?

Toutes les fois que l'indivision ne cesse pas complétement entre les cohéritiers ou copropriétaires, l'acte n'a plus le caractère de partage; il rentre dans la classe des conventions ordinaires et doit être transcrit. Le conservateur doit alors inscrire le privilége résultant de la cession.

Ainsi la vente d'un cinquième par un héritier qui n'a qu'un cinquième n'est point un partage, et dès lors il doit être pris une inscription d'office par le conservateur pour conserver le privilége du cédant. Quand la licitation se fait avec admission d'étrangers et que l'adjudication a lieu en faveur d'un individu qui n'est ni cohéritier ni copropriétaire, le privilége contre cet acquéreur doit encore être conservé par une inscription d'office faite par le conservateur.

N° 38.

Comment faut-il compter le délai de quarante-cinq ou de soixante jours?

Dans les quarante-cinq ou soixante jours donnés à l'héritier ou au copartageant pour requérir l'inscription de son privilége, le jour de l'acte n'est pas compris ; toutes les fois qu'une loi a déterminé un délai, le jour de l'acte n'a jamais été compris dans ce délai.

Mais, lorsque le quarante-cinquième ou soixantième jour est férié, l'inscription doit être prise le quarante-quatrième ou le cinquante-neuvième jour, parce que ce délai est de rigueur ; c'est au créancier retardataire à s'imputer la négligence d'attendre ce dernier jour.

N° 38 bis.

Les cohéritiers ou copartageants peuvent-ils prendre une inscription de privilége en vertu d'un partage ou d'une licitation sous seings privés?

Oui, pourvu que ces actes aient été soumis à la formalité de l'enregistrement.

N° 39,

Le privilége pour soulte ne doit-il être requis que sur l'immeuble chargé de la soulte ?

Certainement, on peut ne prendre l'inscription que sur cet immeuble ; mais, en agissant ainsi, ce serait une grande imprudence, car il serait possible, par exemple, que l'immeuble chargé de la soulte eût perdu de sa valeur et fût insuffisant pour l'acquitter.

Il faut donc prendre l'inscription sur tous les immeubles de la succession. La raison est facile à donner. Dans les partages, tous les lots sont garants les uns des autres. Un héritier ne peut jamais avoir de droits certains dans les effets qui sont tombés dans son lot, que son cohéritier ne soit rempli à proportion. C'est ce qui a été établi comme conséquence naturelle du principe d'égalité qui doit régner entre héritiers. En effet, si la soulte n'avait pas un privilége sur tous les immeubles de la succession, cette égalité, âme du partage, serait le plus souvent brisée.

(Troplong.)

Du Privilége des architectes, maçons et autres ouvriers, sur les bâtiments, canaux et autres ouvrages qu' ls ont édifiés, construits ou réparés.

N° 40.

Qu'est-ce que ce privilége?

C'est la faculté, le droit que conserve, soit l'architecte, soit l'ouvrier, etc., etc., avant tous autres créanciers, sur les constructions qu'i s ont ou édifiées ou réparées.

N° 41.

Comment conserve-t-on ce privilége?

On le conserve par l'inscription : 1° du procès-verbal qui constate l'état primitif des lieux, et 2° du procès-verbal de réception des travaux.

N° 42.

Dans quel délai doit être requis ce privilége?

L'article 2103 du Code Napoléon, § 4, dit que, dans les six mois au plus de leur perfection, un expert nommé d'office par le tribunal de première instance dans le ressort duquel les bâtiments sont situés devra en faire la réception; c'est donc dans les six mois, au plus tard, que cette dernière inscription doit être faite.

N° 43.

Ne peut-on pas d'abord faire inscrire le procès-verbal de l'état des lieux?

Oui, et c'est même très-utile, attendu que le privilége se trouve conservé à la date de cette première inscription.

N° 44.

Dans quels termes doit-on faire cette inscription?

Voir modèle au chapitre des *Inscriptions* ci-après, n° 262.

N° 45.

Comment fait-on la seconde inscription?

Voir modèle au chapitre des *Inscriptions* ci-après, n° 263.

N° 46.

Pourquoi cette double inscription?

C'est afin de donner la meilleure publicité au privilége des ouvriers et des prêteurs de deniers.

En effet, par cette formalité, on voit l'état de l'immeuble avant les travaux, les réparations qui sont à faire; et, par la deuxième inscription, on peut juger de l'amélioration de l'immeuble et de sa nouvelle valeur et connaître alors le maximum de la créance à inscrire.

Ces deux inscriptions n'en forment réellement qu'une, qui prend rang à la date de la première; la seconde ne fait que confirmer celle-ci, en faisant connaître la somme à laquelle ont droit les architectes, ouvriers ou prêteurs de fonds.

N° 47.

Dans le cas de vente avant l'achèvement des travaux, l'inscription du procès-verbal de l'état des lieux suffit-elle?

Oui, pourvu que cette inscription soit prise avant la transcription de la vente, sauf à faire inscrire ultérieurement le procès-verbal de réception.

N° 48.

Le privilége de l'architecte, de l'ouvrier, etc., etc., repose-t-il sur la valeur intégrale de l'immeuble?

Non; il n'a droit que sur la plus-value de l'immeuble, et cette dernière s'établit en comparant la valeur au moment de la vente avec la valeur qu'avait l'immmeuble au moment où les travaux ont été faits.

Du Privilége de ceux qui ont prêté des deniers pour payer les ouvriers.

N° 49.

Quels sont les avantages des prêteurs de deniers pour réparations ?

Ils jouissent des mêmes avantages et priviléges que les architectes ou ouvriers, sans avoir besoin de faire inscrire les actes qui constatent les sommes prêtées. Ils doivent cependant, dans ces actes notariés, faire connaître la destination des fonds et justifier de l'emploi par la quittance des ouvriers.

N° 50.

Quelles sont les formalités à remplir par les prêteurs de deniers pour travaux ?

Ils sont tenus, pour conserver leur privilége, de faire ce qu'auraient fait les architectes et ouvriers, c'est-à-dire qu'ils doivent faire inscrire le premier procès-verbal (celui constatant l'état des lieux) et le procès-verbal de réception des lieux.

N° 50 (*bis*).

Comment ces deux inscriptions doivent-elles être formulées ?

Voir les modèles n°⁵ 264 et 265 ci-après.

Privilége du Trésor.

N° 51.

Le Trésor n'a-t-il pas un privilége sur les immeubles des condamnés?

Une loi du 5 septembre 1807 réserve au Trésor un privilége sur les biens immeubles des condamnés, lorsqu'il aura été inscrit dans les deux mois, à dater du jour du jugement de condamnation ; passé lequel délai, les droits du Trésor public ne pourront s'exercer qu'en conformité de l'art. 2113 du Code Napoléon.

N° 52.

Qui doit requérir l'inscription contre un condamné ?

C'est aux Receveurs d'enregistrement à requérir, en temps opportun, les inscriptions qui peuvent assurer le recouvrement des sommes dues au Trésor par suite de condamnations judiciaires, correctionnelles ou criminelles. L'instruction du 16 janvier 1836, n° 1503, ne les oblige, au surplus, à prendre inscription que quand le montant des amendes, en principal et décime, et des frais de justice s'élève au-dessus de 30 francs.

N° 53.

Comment doit-on faire cette inscription ?
Voir le modèle, n° 260, ci-après.

N° 54.

Le Trésor n'a-t-il pas un privilége sur les comptables?
C'est bien, si l'on veut, un privilége que le Trésor
a sur les comptables ; mais, comme la loi n'appelle
pas cela un privilége, mais une hypothèque légale,
nous renvoyons aux n°' 112 et suivants ci-après, qui
traitent de l'hypothèque légale de l'État, des communes et établissements publics.

Du rang des Priviléges sur les immeubles.

N° 55.

Indiquez-nous le rang des priviléges entre eux?
Une disposition expresse de la loi a déterminé le
rang que doivent avoir les priviléges généraux en concurrence avec les priviléges spéciaux. La priorité a
été réservée aux premiers. (Code Napoléon, art. 2105.)
Néanmoins, les priviléges généraux ne produisent
d'effet, à l'égard des immeubles, qu'autant qu'ils ont

été rendus publics, par inscription sur les registres du conservateur des hypothèques. (Article 2106.)

Le législateur n'a pas fixé le rang que doivent avoir les priviléges spéciaux, lorsqu'ils concourent entre eux.

Les créanciers privilégiés, suivant l'article 2103, sont : le vendeur, le bailleur de fonds, les cohéritiers, les architectes et les ouvriers, et ceux qui ont fourni les deniers pour les payer.

Les droits des prêteurs se confondent avec ceux du vendeur et des architectes ; seulement, lorsque ceux-ci n'auront été désintéressés qu'en partie, ils conserveront un droit de préférence sur les prêteurs de deniers.

Le privilége du vendeur et celui du cohéritier sont tout à fait identiques ; en effet, celui-ci, réclamant une soulte ou la valeur des biens dont il a été dépossédé, doit être considéré comme un vendeur d'une portion de biens qui devait composer son lot.

Lorsque le vendeur et le cohéritier concourent ensemble, la préférence se déterminera en faveur de l'un ou de l'autre, selon que la vente aura précédé ou suivi le partage.

Dans le cas de concours du vendeur et de l'architecte, la préférence est due à ce dernier sur le montant de la plus-value que ses travaux ont donnée à l'immeuble.

(PERSIL, *Rég. hyp.*, page 192.)

(HERVIEU, pages 321 et 322.)

HYPOTHÈQUES.

—

N° 56.

Qu'est-ce que l'hypothèque?

Nous l'avons déjà dit au n° 2 ci-devant, quand nous avons voulu indiquer la différence qui existe entre le privilége et l'hypothèque.

Rappelons que :

C'est un droit réel sur les immeubles affectés à l'acquittement d'une obligation ; qu'elle est de sa nature indivisible et subsiste en entier sur tous les immeubles affectés, sur chacun et sur chaque partie de ces immeubles ; qu'elle les suit dans quelques mains qu'ils passent.

Les définitions ne devant contenir rien d'inutile, nous n'ajouterons pas au texte de l'article 2114 du Code Napoléon ci-dessus, qui est extrêmement clair.

L'indivisibilité de l'hypothèque avait besoin peut-être d'être expliquée, c'est ce que nous avons fait au n° 3 ci-devant.

L'hypothèque ne dessaisit pas le débiteur. Ce dernier possède toujours le bien hypothéqué, qui n'est simplement que le gage du créancier.

N° 57.

Combien y a-t-il de sortes d'hypothèques ?

On distingue trois sortes d'hypothèques : l'hypothèque conventionnelle, l'hypothèque judiciaire et l'hypothèque légale.

N° 58.

Qu'est ce que l'hypothèque conventionnelle ?

L'hypothèque conventionnelle est celle qui dépend des conventions et de la forme extérieure des actes et des contrats.

N° 59.

Qu'est-ce que l'hypothèque judiciaire ?

L'hypothèque judiciaire est celle qui résulte des jugements.

N° 60.

Qu'est-ce que l'hypothèque légale ?

L'hypothèque légale est celle qui résulte de la loi.

N° 61.

Qu'entend-on par hypothèque générale ?

On entend par hypothèque générale celle qui embrasse tous les immeubles du débiteur.

N° 62.

Qu'entend-on par hypothèque spéciale ?

On entend par hypothèque spéciale celle qui ne frappe qu'une partie des immeubles du débiteur.

Biens qui peuvent être hypothéqués.

N° 63.

Quels sont les biens qui peuvent être hypothéqués ?

Ce sont les biens immobiliers qui sont dans le commerce et leurs accessoires réputés immeubles, et l'usufruit des mêmes biens et accessoires pendant le temps de sa durée.

N° 64.

L'absence de l'une de ces deux conditions rendrait donc l'hypothèque nulle ?

Oui, car la loi a subordonné l'hypothèque à ces deux conditions essentielles : il faut que les biens que l'on veut y soumettre aient une nature immobilière et qu'ils soient dans le commerce.

N° 65.

Comment reconnaître que les biens ont une nature immobilière?

Les articles 517, 518 et suivants du Code Napoléon déclarent immeubles : les fonds de terre, les bâtiments, les moulins à vent ou à eau fixés sur pilotis ; ils font connaître les accessoires réputés immeubles, et déterminent que l'usufruit des choses immobilières, les servitudes, services fonciers et les actions qui tendent à revendiquer un immeuble, sont immeubles par l'objet auxquels ils s'appliquent.

N° 66.

La distinction entre les meubles et les immeubles peut-elle être quelquefois difficile?

La distinction entre les meubles et les immeubles a fait naître beaucoup de difficultés.

Les questions se sont compliquées au sujet des accessoires réputés immeubles ; nous ne nous étendrons pas sur ce sujet, qui nous entraînerait trop loin ; disons seulement, en thèse générale, que tous les objets mobiliers qui sont indispensables pour l'exploitation d'une industrie ou d'un domaine sont immobilisés tant qu'ils sont ou seront attachés à cette industrie ou à ce domaine.

N° 66 (*bis*).

Que faut-il entendre des biens qui ne sont pas dans le commerce?

Ce sont les choses consacrées à Dieu : les églises, les temples, les chapelles, les cimetières ;

Les fleuves, les rivières, les ports, les rues, les places, les fontaines, les promenades publiques, les grandes routes, les chemins publics, le rivage de la mer, etc., etc.; en un mot, tout ce qui n'est pas susceptible d'entrer dans le commerce.

Hypothèque conventionnelle.

N° 67.

Qu'est-ce que l'hypothèque conventionnelle ?
C'est celle que la partie a consenti à donner.

N° 68.

Tout le monde peut-il conférer une hypothèque?
Non ; les hypothèques conventionnelles ne peuvent être consenties que par ceux qui ont la capacité d'aliéner les immeubles qu'ils y soumettent.

N° 69.

*Quelles sont les personnes qui ne peuvent hypothé-
quer leurs biens ?*

La femme en puissance de mari, l'interdit, le mineur, ne peuvent aliéner leurs biens ni les hypothéquer.

N° 70.

Cette incapacité dure-t-elle toujours ?

L'incapacité cesse, pour la femme, à la dissolution
du mariage ; pour l'interdit, à partir du jour où l'interdiction est levée, et pour le mineur, à compter de
sa majorité.

N° 71.

*L'hypothèque conventionnelle peut-elle être consentie
par acte sous seings privés ?*

Non ; elle ne peut être consentie que par un acte
passé en forme authentique, c'est-à-dire devant deux
notaires ou devant un notaire et deux témoins.

N° 72.

N'y a-t-il pas une exception à cette règle ?

Il n'y en a qu'une seule : l'hypothèque conventionnelle peut encore être consentie par des actes passés
devant l'autorité administrative, pour sûreté des en-

gagements contractés par des particuliers envers l'É-
tat, les départements et les communes.

N° 73.

*Suffit-il, pour la rendre valable, que l'hypothèque
soit passée devant notaire?*

Non; il n'y a d'hypothèque valable que celle qui,
dans le titre authentique constitutif de la créance,
déclare spécialement la nature et la situation des
immeubles du débiteur sur lesquels il consent l'hypothèque.

N° 74.

Les biens à venir peuvent-ils être hypothéqués?

Non; les biens à venir ne peuvent pas être hypothéqués, par suite de ce principe consacré par
la loi qu'il n'y a d'hypothèque valable que celle qui
déclare spécialement la nature et la situation de
chacun des immeubles sur lesquels elle est consentie.

N° 75.

*Cependant si les biens du débiteur sont insuffisants,
comment le créancier fera-t-il pour exiger un supplé-
ment de garantie?*

La loi répond à cette objection en disant que, si
les biens présents du débiteur sont insuffisants, il

pourra, en exprimant cette insuffisance, consentir que chacun des biens qu'il acquerra par la suite y demeure affecté à mesure des acquisitions.

Il est essentiel de faire remarquer que le créancier, dans ce cas, doit requérir des inscriptions particuliéres au fur et à mesure des acquisitions de son débiteur.

Au chapitre des *Inscriptions* ci-après, n° 133, nous faisons connaître ce que le créancier doit faire dans cette circonstance.

N° 76.

Est-il nécessaire que l'hypothèque soit donnée sur chaque pièce de terre ou chaque portion de biens, et que chaque immeuble soit désigné article par article?

Non; il suffit qu'on fasse connaître les communes où sont situés les biens, et la nature des biens. Ainsi l'hypothèque consentie de la manière suivante sera très-valable pour affecter toutes les terres, tous les prés, tous les bois et tous les bâtiments du débiteur :
« M. *** consent à hypothéquer toutes les pièces de terres, prés, bois, bosquets et tous les bâtiments qu'il possède dans les communes de...»

N° 77.

Donnez un modèle d'inscription conventionnelle?
Voir le n° 267 ci-après.

Hypothèque judiciaire.

N° 78.

Qu'est-ce que l'hypothèque judiciaire?

L'article 2123 du Code Napoléon répond à cette question en disant :

L'hypothèque judiciaire résulte du jugement soit contradictoire, soit par défaut, définitif ou provisoire, en faveur de celui qui les a obtenus. Elle résulte aussi des reconnaissances ou vérifications faites, en jugements, des signatures apposées à un acte obligatoire sous seings privés; elle peut s'exercer sur les immeubles actuels du débiteur et sur ceux qu'il pourra acquérir, sauf aussi les modifications qui seront ci-après exprimées. Les décisions arbitrales n'emportent l'hypothèque qu'autant qu'elles sont revêtues de l'ordonnance judiciaire d'exécution. L'hypothèque ne peut pareillement résulter des jugements rendus en pays étrangers, qu'autant qu'ils ont été déclarés exécutoires par un tribunal français, sans préjudice des dispositions contraires qui peuvent être dans les lois politiques ou dans les traités.

N° 79.

Même quand le jugement est en premier ressort

4.

et qu'il est frappé d'appel, le créancier peut-il prendre l'inscription contre son débiteur? Le conservateur des hypothèques peut-il refuser cette inscription?

Le créancier a le droit de prendre inscription, puisque le jugement confère hypothèque; dès lors, le conservateur ne peut refuser ni retarder la formalité de l'inscription. En effet, ce fonctionnaire s'exposerait à une action en dommages-et-intérêts, si, dans l'intervalle du jugement qui aurait confirmé le premier jugement, il était survenu une inscription qui primât celle du créancier dont les intérêts se trouveraient lésés par le refus du conservateur.

L'appel ne suspend pas l'hypothèque; on peut l'inscrire, parce que l'inscription n'est pas un acte d'exécution mais un acte purement conservatoire.

<h3 align="center">N° 80.</h3>

Si le jugement est réformé en appel, que devient alors l'inscription?

Dans ce cas, l'inscription suit le sort de l'appel; elle subsiste avec le jugement, s'il est maintenu; elle tombe avec lui, s'il est réformé.

<h3 align="center">N° 81.</h3>

Qui doit alors supporter les frais de l'inscription et de la radiation?

La réponse n'est pas douteuse; les frais, y compris

ceux de radiation, sont à la charge de celui qui a requis l'inscription.

N° 82.

Lorsque le jugement est maintenu sur certains points et réformé sur d'autres, que deviendra, dans ce cas, l'inscription qui aura été prise pour sûreté des condamnations premières?

Si le jugement est maintenu sur certains points et réformé sur d'autres, l'inscription produit son effet pour les parties qui sont confirmées.

EXEMPLE : Si le jugement de première instance condamne à payer 10,000 francs, et que, sur l'appel, la condamnation soit restreinte à 1,000 francs, l'inscription prise en vertu du jugement en premier ressort vaudra jusqu'à concurrence des 1,000 francs portés en l'arrêt d'appel.

N° 83.

Quand un jugement est maintenu en appel, l'hypothèque date-t-elle du jour du jugement en premier ressort ou seulement à partir de l'arrêt?

Quand le jugement est maintenu, même pour partie, l'hypothèque date du jugement en premier ressort. S'il en était autrement, ce serait favoriser la fraude; puisque, dans l'intervalle, entre les deux décisions, l'homme de mauvaise foi pourrait vendre ses immeubles et faire disparaître ainsi les garanties de solvabilité qu'il offrait encore à l'époque du premier jugement.

N° 84.

L'inscription judiciaire peut-elle être prise immédiatement après la prononciation du jugement, avant la signification et même avant l'enregistrement du jugement?

Oui ; car, puisque l'hypothèque résulte des seuls jugements, il s'ensuit qu'on peut prendre inscription après la prononciation du jugement.

N° 85.

Mais ne dira-t-on pas que le jugement n'étant ni levé ni enregistré, on ne pourra représenter au conservateur l'expédition authentique du jugement, et que l'inscription sera refusée par ce fonctionnaire?

Cette objection n'est pas sérieuse, car la représentation de l'expédition n'est exigée que dans l'intérêt du conservateur des hypothèques pour sa garantie, à laquelle il peut renoncer s'il est certain que le titre existe.

C'est au surplus ce qui arrive dans la pratique. Quand des hommes d'une honorabilité notoire, comme les avocats et les avoués, présentent au conservateur des hypothèques des bordereaux rédigés immédiatement après le jugement, en affirmant que le jugement existe, l'inscription est toujours acceptée, sauf à ne la remettre que sur le vu d'une expédition; le conservateur aurait le droit de refuser d'inscrire sans l'expédition, mais ce serait compromettre l'intérêt des créanciers, qui, souvent, ne peuvent avoir l'expédition du greffe qu'un mois après les jugements. Ceci est laissé à l'appréciation et au bon vouloir seul des conservateurs.

(Voir au chapitre de l'*Inscription*, n° 136 ci après.)

N° 86.

Quels sont les immeubles affectés par l'hypothèque judiciaire?

L'hypothèque judiciaire affecte les biens présents et ceux à venir, au fur et à mesure des acquisitions faites par le débiteur.

N° 87.

Est-il besoin, comme pour l'hypothèque conventionnelle, de prendre de nouvelles inscriptions toutes les fois que le débiteur possède de nouveaux biens?

Non; la première inscription suffit pour frapper tout ce qui advient au débiteur.

N° 88.

Est-il nécessaire d'exprimer dans les bordereaux que l'inscription grèvera les biens à venir?

Oui ; car si l'inscription ne portait que sur les immeubles que le débiteur possède actuellement, l'hypothèque n'atteindrait pas ceux à venir.

Dans ce cas, le créancier serait censé avoir renoncé à l'hypothèque sur les biens à venir, et avoir trouvé suffisants les immeubles présents. Il est donc prudent, essentiel, d'indiquer, dans les bordereaux, que l'inscription est requise sur les biens présents et à venir des débiteurs.

N° 89.

Donnez-nous un modèle pour rédiger une inscription judiciaire ?

Voir le n° 268 ci-après.

Hypothèque légale.

N° 90.

Qu'est-ce que l'hypothèque légale ?

L'hypothèque légale, dit l'article 2117 du Code Napoléon, est celle qui résulte de la loi. Elle n'a pas besoin de convention pour être établie.

N° 91.

Quels sont les droits et créances auxquels l'hypothèque légale est attribuée ?

Ce sont : ceux des femmes mariées sur les biens de leur mari ; ceux des mineurs et interdits sur les biens de leur tuteur; ceux de l'État, des communes et établissements publics, sur les biens des receveurs et administrateurs comptables.

N° 92.

L'hypothèque légale ne diffère-t-elle pas des hypothèques conventionnelles et judiciaires?

Elle diffère en ce sens, que les hypothèques conventionnelles et judiciaires doivent être inscrites, tandis que l'hypothèque légale existe indépendamment de toute inscription :

Au profit des mineurs et interdits, sur les immeubles appartenant à leur tuteur, à raison de sa gestion, du jour de l'acceptation de la tutelle ;

Au profit des femmes, pour raison de leur dot et de leurs conventions matrimoniales, sur les immeubles de leur mari et à compter du jour de la célébration du mariage.

N° 93.

La nouvelle loi sur la transcription n'a-t-elle pas modifié ces principes, en forçant à faire inscrire les hypothèques légales?

Non ; les femmes mariées, les mineurs et les interdits conservent leur hypothèque légale sans inscription, tant que les femmes sont en puissance de mari et que les mineurs et interdits sont toujours incapables. La loi nouvelle fait durer la dispense d'inscription jusqu'à la dissolution du mariage ; seulement elle force la veuve, le mineur devenu majeur, l'interdit relevé de l'interdiction, leurs héritiers ou ayant cause, de prendre inscription dans l'année qui suit la dissolution du mariage ou la cessation de la tutelle.

N° 94.

Que deviennent ces inscriptions, si elles ne sont pas requises dans ce délai?

L'article 8 de la loi de 1855 dit que, passé le délai d'une année, leur hypothèque ne datera, à l'égard des tiers, que du jour des inscriptions prises ultérieurement.

N° 95.

Comment faut-il compter ce délai ?

Le délai commence à la cessation du mariage ou de la tutelle, mais il ne faut pas commencer une autre année sans se mettre en règle ; c'est dans l'année même que l'inscription doit être prise ; le dernier jour est encore utile tout entier, mais celui qui le suit est en dehors du délai accordé.

Il en résulte que la femme devenue veuve, le mineur devenu majeur, l'interdit relevé de l'interdiction

et leurs héritiers conservent le bénéfice de leur hypothèque occulte, jusqu'à l'expiration de l'année qui
suit la fin du mariage, de la tutelle et de l'interdiction.

Divers commentateurs de la nouvelle loi ont fait
à cet égard plusieurs objections, et se sont demandé
si la veuve, le mineur devenu majeur, l'interdit relevé de l'interdiction qui pouvaient avoir, dans certains cas posés, la faculté de s'inscrire, en avaient
l'obligation.

M. Troplong leur répond : Il n'y a, dans aucun
cas, aucune distinction à faire, et malgré toutes les
raisons données, nous croyons que les hypothèques
dont il s'agit doivent être inscrites dans l'année, sinon
elles sont sans effet, et l'immeuble en est virtuelle-
ment purgé. L'article 8 de la même loi ne fait aucune
distinction : « Leur hypothèque, dit-il, ne date, à
l'égard des tiers, que du jour des inscriptions prises
ultérieurement. »

N° 96.

*L'hypothèque légale de la femme, du mineur et de
l'interdit peut donc, malgré la nouvelle loi, ne pas être
inscrite ?*

Certainement, et quoique nous ayons répondu
déjà à cette question, nous y revenons, afin qu'on
soit bien pénétré de ce principe, que les hypothèques
légales vivent légitimement sans inscription au pro-

fit des femmes, des mineurs et interdits ; qu'elles peuvent rester occultes par le bénéfice de l'ancienne loi, et que l'article 8 de la loi du 23 mars 1855 ne les a placées sous la loi commune de la publicité, en les forçant d'être inscrites, que quand l'incapacité des femmes, des mineurs et interdits a cessé. Il était logique, en effet, de ramener sous la règle commune la femme, le mineur, l'interdit ou leurs représentants, lorsque l'état de mariage, d'interdiction ou de tutelle n'existe plus.

N° 97.

La femme séparée de corps et de biens, ou de biens seulement, doit-elle requérir l'inscription de son hypothèque légale dans l'année de sa séparation?

Non ; la nouvelle loi fait durer la dispense d'inscription, dans tous les cas, jusqu'à la dissolution du mariage, c'est-à-dire jusqu'au décès du mari. Quoique rendue à une certaine liberté par la séparation judiciaire, la femme est encore, jusqu'à un certain point, sous l'influence de son mari ; c'est sans doute pour cela que le législateur moderne a continué de considérer la femme comme incapable.

N° 98.

Dans la pratique, quand une femme est séparée de corps et de biens, ou de biens seulement, ne s'empresse-

*t-on pas généralement de prendre inscription d'hypo-
thèque légale?*

Oui, sans doute, dans la pratique, on a soin de
requérir de suite l'inscription légale au profit de la
femme, souvent même avant la séparation ; c'est une
précaution qu'on ne peut blàmer ; ce qui abonde ne
nuit pas ; mais, entre être tenu à faire une chose ou
avoir la faculté de la faire, il y a loin.

Du reste, quand une femme se sépare, c'est une
preuve que le mari est ou sera bientôt en déconfiture,
ce qui amènera la vente de ses biens.

Dans ce cas, l'acquéreur de ses immeubles, vou-
lant purger, mettrait la femme dans la nécessité de
s'inscrire. La femme a donc tout le temps pour
prendre son inscription ; elle peut attendre qu'elle soit
mise en demeure par la purge (article 2194 du Code
Napoléon) ; mais que, dans la pratique, son inscription
soit prise avant, ce n'est qu'une prévoyance qui atteste
les soins de ceux qui sont chargés de défendre les intérêts de la femme.

N° 99.

*Sur quels biens frappe l'hypothèque légale de la
femme?*

L'hypothèque légale de la femme frappe les biens
que le mari possédait le jour du mariage, ceux qu'il
possède et ceux qu'il pourra posséder par la suite, à

quelque titre que ce soit, jusqu'à la dissolution du mariage.

Quelle que soit la date des inscriptions légales, elles ont le même effet que si elles avaient été prises le jour du mariage, et un acquéreur des biens du mari ne peut faire aucun payement au préjudice de l'inscription légale qui est censée avoir la date du mariage.

N° 100.

On a dit plus haut que l'hypothèque légale des femmes, mineurs et interdits, existait indépendamment de toute inscription ; est-ce à dire qu'elles ne doivent jamais être inscrites ?

Cette dispense d'inscrire n'est pas absolue, et, dans certains cas, il faut requérir une inscription.

Voici ces cas :

L'hypothèque légale de la femme, du mineur et de l'interdit doit être formée avant la transcription du jugement qui prononce une expropriation pour cause d'utilité publique, et encore dans le cas de saisie immobilière selon l'art. 692 du Code de procédure civile, ainsi qu'on le verra au n° 128 ci-après.

Après la transcription, l'immeuble exproprié est affranchi de tous droits réels, qui sont tous reportés sur le prix.

De même si, dans le cours de deux mois de l'exposition d'un contrat ordinaire de vente faite conformément à l'article 2194 du Code Napoléon, il n'a pas été pris d'inscription sur les immeubles vendus, ils passent à l'acquéreur sans aucune charge, à raison de la dot, des reprises et conventions matrimoniales de la femme ou de la gestion du tuteur.

On doit donc veiller avec une attention scrupuleuse à requérir l'inscription des hypothèques légales pendant les délais de la purge ; car, à défaut d'inscription, ces hypothèques sont éteintes, et tous les effets qui y sont attachés, spécialement le droit d'être colloqué et payé sur le prix, sont éteints avec elles.

N° 101.

L'hypothèque légale de la femme existe-t-elle exclusivement à son profit?

L'hypothèque légale de la femme existe non-seulement à son profit, mais encore au profit de ses héritiers, indépendamment de toutes inscriptions, même après la dissolution du mariage, soit que les biens du mari soient demeurés dans les mains de celui-ci, soit qu'ils aient passé dans celles de ses héritiers ou d'un tiers acquéreur.

N° 102.

Lorsqu'il a été pris une inscription pour l'hypothèque légale de la femme, est-il besoin d'en requérir de nouvelles au fur et à mesure que de nouveaux biens viennent à échoir au mari dans le même arrondissement?

Non ; l'inscription originaire, tant qu'elle n'est pas prescrite, frappe sur ces derniers biens au moment même où le mari en devient propriétaire.

Ce principe s'applique aux hypothèques légales comme à celles judiciaires.

N° 103.

Le mari n'est-il pas tenu de rendre publique, par une inscription, l'hypothèque légale qui grève ses biens?

Oui ; il serait même réputé stellionataire et contraignable par corps, si, n'ayant pas rempli cette formalité, il consentait ou laissait prendre des priviléges ou des hypothèques sur ses immeubles, sans déclarer expressément que ceux-ci sont affectés à l'hypothèque légale de sa femme.

Il en serait de même pour le tuteur, contre qui le subrogé tuteur doit requérir l'inscription d'hypothèque légale, lorsque le tuteur ne l'a pas prise lui-même.

N° 104.

La femme ne peut-elle pas, par un acte devant notaire, limiter son hypothèque légale à certains immeubles de son mari?

Non ; la femme une fois mariée ne peut plus limiter elle-même son hypothèque légale.

N° 105.

N'y a-t-il pas cependant des cas où cette hypothèque peut être limitée par la femme elle-même?

Oui : c'est le cas où cette limite a été formellement stipulée dans le contrat de mariage ; mais il faut, pour faire cette stipulation, que les futurs époux soient majeurs, et qu'il soit déclaré qu'il ne sera pris d'inscription que sur un ou certains immeubles du mari ; alors les autres immeubles sont affranchis de l'hypothèque pour la dot de la femme, pour ses reprises et conventions matrimoniales.

N° 106.

Suffit-il, pour affranchir les autres biens du mari, de stipuler, dans un contrat de mariage, une hypothèque spéciale sur un immeuble, sans déclarer que les autres biens en sont affranchis?

Non ; il ne suffit pas de stipuler une hypothèque spéciale sur un immeuble, sans déclarer formellement que les autres biens du mari en seront affranchis. La spécialité, dans ce cas, ne dérogerait pas à la généralité, parce que nul, et surtout la femme, n'est présumé renoncer à ses droits.

N° 107.

La femme, dans son contrat de mariage, peut-elle

stipuler que tous les immeubles de son mari seront af-franchis de son hypothèque légale?

Non ; la loi dit qu'il ne pourra pas être convenu qu'il ne sera pris aucune inscription.

N° 108.

Toutes les femmes, dans leur contrat de mariage, peuvent-elles limiter leur hypothèque légale?

Non ; cela n'est permis qu'à la femme majeure ; la femme mineure ne peut valablement, par contrat de mariage, consentir la restriction de son hypothèque légale sur les biens de son mari.

L'article 2140 du Code Napoléon n'accorde cette faculté qu'à la femme majeure ; cette disposition spéciale consacrée par la loi tient à l'ordre public et doit prévaloir sur les principes généraux destinés à régler le sort des conventions ordinaires.

N° 109.

Mais le mari qui aurait intérêt à faire limiter l'hy-pothèque légale de la femme ne pourrait-il pas arriver à ce résultat?

Oui ; l'article 2144 du Code Napoléon permet au mari de demander, du consentement de la femme et après avoir pris l'avis des quatre plus proches parents de celle-ci, réunis en assemblée de famille, que l'hypothèque générale sur ses immeubles, pour raison de la dot, des reprises et conventions matrimoniales, soit restreinte aux immeubles suffisants pour la conservation entière des droits de la femme.

La délibération du conseil de famille est soumise au tribunal, qui ordonne la réduction par un jugement rendu contradictoirement avec le ministère public.

Ajoutons que les demandes en réduction d'hypothèque légale sont très-rares et ne doivent être faites qu'avec beaucoup de circonspection, pour ne pas être repoussées. En effet, les tribunaux n'accordent cette réduction que dans le cas où le mari possède dix fois plus d'immeubles qu'il n'en faut, et il a grand soin alors de ne réduire que dans une proportion assez restr⁓inte pour ne pas compromettre plus tard les droit de la femme.

N° 110.

L'hypothèque légale au profit des mineurs et interdits peut-elle être réduite?

L'hypothèque légale contre le tuteur peut être réduite par l'acte même de sa nomination de tuteur par le conseil de famille ; et lorsque l'acte de nomination ne restreint pas l'hypothèque, le tuteur a le droit, aux termes de l'article 2143 du Code Napoléon, de la faire réduire aux immeubles suffisants pour opérer une pleine garantie en faveur des mineurs.

N° 111.

Donnez-nous des modèles d'inscriptions d'hypothèques légales des femmes, des mineurs et des interdits ?

Voir ces trois modèles aux n°ˢ 269, 270 et 271 ci-après.

De l'hypothèque légale de l'État, des communes et des établissements publics.

N° 112.

Que faut-il entendre par l'hypothèque légale de l'État, des communes et des établissements publics ?

L'État, les communes et les établissements publics ont une hypothèque légale sur les biens de leurs receveurs et administrateurs comptables.

N° 113.

Cette hypothèque légale ne diffère-t-elle pas de celle sur les tuteurs et les maris ?

Oui ; les hypothèques légales sur les comptables diffèrent des hypothèques légales sur les tuteurs et les maris, en ce que les premières sont seules soumises à l'inscription.

N° 114.

A quelle date ces inscriptions prennent-elles rang ?

Elles ne prennent rang que le jour de l'inscription ; on a sans doute pensé qu'il ne convenait pas de donner à l'État, aux communes et établissements publics, des priviléges exorbitants.

N° 115.

Quels sont les comptables sur lesquels l'État a une hypothèque légale ?

Ce sont les receveurs généraux et particuliers des finances, les payeurs divisionnaires, les payeurs des ports et des armées.

N° 116.

L'État a-t-il une hypothèque légale sur les biens des percepteurs des contributions directes ?

L'État n'a pas d'hypothèque légale sur les biens des percepteurs des contributions directes ; car la loi du 5 septembre 1807, qui, dans son article 7, désigne ceux que l'on doit considérer comme comptables, ne parle pas des percepteurs.

Les percepteurs ne sont, en effet, que de simples collecteurs préposés des receveurs généraux. Ils n'ont jamais de compte avec le Trésor, attendu qu'ils sont obligés à faire leurs versements au fur et à mesure des perceptions.

Au surplus, toutes les fois qu'il s'élève des difficultés sur le sens des mots *comptables* et *receveurs*, il faut consulter la loi du 16 septembre 1807, qui forme le complément de ce que nous avions à dire sur l'hypothèque légale des comptables.

N° 117.

L'hypothèque légale de l'État s'étend-elle sur ceux qui remplissent passagèrement les fonctions de comptables?

Non ; il n'y a pas d'hypothèque légale sur ceux qui font les intérims des comptables.

N° 118.

L'hypothèque légale s'étend-elle sur les cautions de comptables ?

Non ; il n'y a pas d'hypothèque légale sur ceux qui ont cautionné le comptable.

N° 119.

Sur quels immeubles s'étend l'hypothèque légale contre les comptables de l'État ?

Sur les immeubles qu'ils ont acquis à titre onéreux postérieurement à leur nomination ; sur ceux acquis au même titre, et depuis leur nomination, par leurs femmes même séparées de biens.

Sont exceptées, néanmoins, les acquisitions à titre onéreux faites par les femmes, lorsqu'il est légalement justifié que les deniers employés à l'acquisition leur appartenaient ; mais l'hypothèque, comme nous l'avons vu plus haut, n° 113, n'existe que par l'inscription.

N° 120.

Dans quel délai cette inscription doit-elle être prise ?
Elle doit être requise dans les deux mois de l'enregistrement de l'acte translatif de propriété.

N° 121.

Qui doit requérir cette inscription ?
La loi du 5 septembre 1807 ordonne particulièrement aux receveurs d'enregistrement, à peine de destitution et en outre de tous dommages-intérêts, de requérir inscription au nom du Trésor, dans les deux mois de l'enregistrement de l'acte, contre tous receveurs généraux et particuliers, tous payeurs des départements, tous payeurs divisionnaires des ports et des armées, au vu des actes de vente, d'acquisition, de partage et autres, translatifs de propriété, qu'ils passeront.

N° 122.

Dans quels termes cette inscription doit-elle être faite?

Voir le modèle n° 272 ci-après.

N° 123.

Quelles sont les personnes qui peuvent requérir les inscriptions légales des communes et établissements publics sur les biens de leurs comptables?

C'est aux maires, aux chefs d'établissements à user de ce droit, lorsque les intérêts qui leur sont confiés l'exigent, et à requérir des inscriptions qui les mettent à couvert.

N° 124.

Comment cette inscription peut-elle être faite?

Voir le modèle n° 273 ci-après.

DE L'INSCRIPTION.

N° 125.

Qu'est-ce que l'inscription?

C'est la déclaration que fait un créancier, sur le registre du conservateur, de l'hypothèque qu'il a sur les biens de son débiteur. L'inscription n'est qu'une formalité extrinsèque, une sorte de complément pour assurer entre créanciers l'efficacité de l'hypothèque.

N° 126.

Quelle différence existe-t-il entre l'hypothèque et l'inscription ?

Une grande différence existe : l'hypothèque a son fondement et son existence dans la nature même de la convention ; mais cette existence est condamnée à l'inertie, tant que la publicité ne vient pas lui donner le mouvement et la vie.

Ce n'est donc que par l'inscription que l'hypothèque peut se mettre en action.

L'inscription ne fait pas l'hypothèque ; elle la fait

vivre seulement. Elle est, dit M. Troplong, l'instrument, le véhicule de la publicité.

<h2 style="text-align:center">N° 127.</h2>

Quel est l'effet de l'inscription?

L'effet de l'inscription est de déterminer le rang des hypothèques entre créanciers.

Peu importe l'époque des contrats portant constitution d'hypothèque; l'hypothèque est inerte, tant que l'inscription ne la fait pas connaître

Les créanciers ne doivent en tenir compte entre eux que suivant les dates de l'émission des inscriptions; car elles seules leur apprennent les charges qui pèsent sur le débiteur; sans cela, ils n'auraient pas traité avec lui.

<h2 style="text-align:center">N° 128.</h2>

Quels sont les délais pour s'inscrire?

En général, la loi ne détermine aucun délai pour s'inscrire. Elle s'en rapporte à la vigilance du créancier hypothécaire, qui, sachant que son hypothèque est inefficace tant qu'elle n'est pas inscrite, doit s'empresser de la manifester dans le plus bref délai, afin de lui assurer un rang utile.

Il arrive cependant une époque où les créanciers non inscrits sont mis en demeure de le faire dans un délai déterminé :

C'est lorsqu'un tiers acquéreur veut purger les hypothèques existantes sur les biens qu'il acquiert ; dans ce cas, les créanciers doivent, à peine de déchéance, s'inscrire *avant* la transcription de la vente ;

Ce sont les hypothèques légales des mineurs et des femmes mariées, qui doivent être inscrites dans les deux mois de l'exposition du contrat translatif de propriété ; sans quoi, l'immeuble demeure purgé de ces hypothèques légales ;

Ce sont les mêmes hypothèques légales, qui doivent être prises avant la transcription du jugement d'adjudication sur saisie ;

C'est le privilége du vendeur, qui doit être inscrit dans les quarante-cinq jours de la date de l'acte de vente ;

C'est le privilége du copartageant, qui doit être inscrit dans les soixante jours, à compter de la date de l'acte de licitation ou partage ;

Ce sont, enfin, les hypothèques légales de la veuve, du mineur devenu majeur et de l'interdit relevé de l'interdiction, qui doivent être inscrites dans l'année qui suit la dissolution du mariage ou la cessation de la tutelle.

N° 129.

Quel est le rang que doivent occuper plusieurs inscriptions faites le même jour?

L'article 2147 du Code Napoléon dit que tous les créanciers inscrits le même jour exercent en concurrence une hypothèque de la même date, sans distinction entre l'inscription du matin et celle du soir, quand cette différence serait marquée par le conservateur.

Cette règle est fort juste. En effet, si la préférence dépendait de la priorité de l'heure, il serait possible qu'il y eût des fraudes ou des erreurs, et la moindre méprise eût amené de très-graves inconvénients. Le conservateur ayant plusieurs bordereaux à inscrire le même jour, pourrait se tromper sur celui qui lui aurait été remis le premier.

L'article 2147 ci-dessus a levé tous ces inconvénients.

<h3 style="text-align:center">N° 130.</h3>

Où les inscriptions doivent-elles être faites ?

Les inscriptions se font au bureau de la conservation des hypothèques dans l'arrondissement duquel sont situés les biens soumis au privilége ou à l'hypothèque.

<h3 style="text-align:center">N° 131.</h3>

Y a-t-il des cas où les inscriptions peuvent être sans effet ?

Il est deux circonstances où les inscriptions, quoique légalement prises, sont sans valeur :

La première a lieu lorsque le débiteur tombe en faillite; alors, dans ce cas, son créancier ne peut prendre inscription, non-seulement lorsque la faillite est ouverte, mais encore dans les dix jours qui précèdent l'ouverture de cette faillite, quand il s'est écoulé plus de quinze jours entre la date de l'acte constitutif de l'hypothèque ou du privilége et celle de l'inscription.

Ceci paraît juste. En effet, lorsque la ruine du débiteur menace la totalité des créanciers, il ne serait pas équitable qu'un de ces créanciers pût acquérir des garanties au préjudice des autres; sans quoi, il pourrait arriver que les créanciers placés sur les lieux et mieux informés des dangers que court la fortune du débiteur prissent leurs précautions, tandis que les créanciers plus éloignés pourraient ne pas arriver à temps. (TROPLONG.)

La seconde circonstance arrive lorsqu'un créancier d'une succession ne prend inscription qu'après l'ouverture et dans le cas où la succession n'est acceptée que sous bénéfice d'inventaire.

Du Mode d'Inscription.

N° 132.

Que doit faire le créancier pour requérir une inscription?

L'article 2148 du Code Napoléon est ainsi conçu :

« Pour opérer l'inscription, le créancier représente,
« soit par lui-même, soit par un tiers, au conserva-

« teur des hypothèques, l'original en brevet ou une
« expédition authentique du jugement ou de l'acte
« qui donne naissance au privilége ou à l'hypothèque.
« Il y joint deux bordereaux écrits sur papier timbré,
« dont l'un peut être porté sur l'expédition du titre; ils
« contiennent : 1° les nom, prénoms, domicile du
« créancier, sa profession, s'il en a une, et l'élection
« d'un domicile pour lui dans un lieu quelconque de
« l'arrondissement du bureau; 2° les nom, prénoms,
« domicile du débiteur, sa profession, s'il en a une
« connue, ou une désignation individuelle ou spéciale
« telle que le conservateur puisse reconnaître et dis-
« tinguer, dans tous les cas, l'individu grevé d'hypo-
« thèque; 3° la date et la nature du titre; 4° le mon-
« tant du capital des créances exprimées dans le titre
« ou évaluées par l'inscrivant pour les rentes et
« prestations ou pour les droits éventuels, condition-
« nels ou indéterminés, dans les cas où cette évalua-
« tion est ordonnée, comme aussi le montant des
« accessoires de ces capitaux et l'époque de l'exigibi-
« lité; 5° l'indication de l'espèce et de la situation
« des biens sur lesquels il entend conserver son privi-
« lége ou son hypothèque. Cette dernière disposition
« n'est pas nécessaire dans le cas des hypothèques
« légales ou judiciaires; à défaut de convention, une
« seule inscription pour ces hypothèques frappe tous
« les immeubles compris dans l'arrondissement du
« bureau. »

C'est donc à cet article qu'il faut recourir, comme on voit, pour les formalités de l'inscription des priviléges et hypothèques ; il les détaille avec soin, et l'on voit que le législateur, toujours fidèle au système de la publicité et de la spécialité, a voulu que les créanciers trouvassent dans l'inscription tous les documents qui pouvaient être de nature à les éclairer sur la position du débiteur. Pour parvenir à ce but, l'inscription doit donc principalement contenir trois indications importantes : 1° celle de l'immeuble hypothéqué ; 2° celle de la personne du débiteur ; 3° la quotité de la somme dont il est redevable. Ces trois choses sont, en effet, celles qu'a le plus grand intérêt à connaître celui qui hésite à prêter son argent ou à acheter.

N° 133.

Lorsque le débiteur a consenti dans l'obligation une hypothèque sur les biens à venir, que doit faire le créancier ?

Il est tenu de prendre des inscriptions au fur et à mesure des acquisitions.

N° 134.

Tout le monde peut-il faire opérer une inscription ?

Oui ; tout le monde peut faire opérer une inscription. Le créancier, quel qu'il soit, majeur ou mineur, même une femme sans l'autorisation de son mari, peut requérir l'inscription ; car ce n'est qu'un acte conservatoire qui ne produit pas d'engagement.

Un créancier peut être représenté par un tiers sans procuration, et les conservateurs des hypothèques ne seraient pas fondés à exiger la représentation d'un pouvoir.

C'est ce qui arrive généralement dans la pratique. En effet, les formalités de l'inscription ne sont, pour ainsi dire, jamais demandées aux conservateurs par les créanciers eux-mêmes, mais par des hommes d'affaires, des clercs de notaire, ou toute autre personne que le conservateur ne connaît pas.

N° 135.

Est-il nécessaire de représenter au conservateur des hypothèques le titre qui donne naissance au privilége ou à l'hypothèque?

Oui ; le conservateur est en droit de refuser la formalité de l'inscription, quand on ne lui représente pas le titre constitutif de l'hypothèque. L'administration a enjoint expressément à ces fonctionnaires d'exiger la représentation du titre de la créance, comme moyen efficace de prévenir les inscriptions sans cause et au profit de personnes inconnues ou imaginaires.

N° 136.

La représentation du titre est-elle une formalité substantielle de l'inscription, et, à son défaut, l'inscription prise serait-elle nulle?

Non, la représentation du titre n'est pas une formalité substantielle de l'inscription, et si, sans s'arrêter à cette omission, le conservateur procède à l'inscription, personne ne peut la critiquer.

Cela est d'autant plus vrai, que la loi n'exige pas la mention de la représentation du titre, et que dès lors il ne doit rester aucune trace de cette formalité.

Au surplus, dans la pratique, tous les conservateurs exigent la représentation du titre dans leur intérêt particulier et pour se conformer aux prescriptions de l'administration.

S'ils font quelquefois une exception à cette règle en matière d'hypothèque judiciaire (voir ci-devant n° 85), c'est entièrement dans l'intérêt des créanciers qui ne peuvent obtenir leur titre qu'un mois souvent après le jugement.

N° 137.

N'y a-t-il pas certaines inscriptions qui sont dispensées de la représentation des titres?

Oui, ce sont :

1° Les hypothèques légales qui, résultant de la loi,

peuvent être requises sur la présentation de deux seuls bordereaux :

2° Les inscriptions requises par les syndics des faillites en exécution de l'article 490 du Code Napoléon ;

Et 3° les renouvellements d'inscriptions. Dans le cas de renouvellement, en effet, le titre n'est pas indispensable, puisque le conservateur peut s'assurer facilement de l'existence du titre ou de la première inscription, pour laquelle le titre a été exigé ; c'est ce que nous verrons au n° 158 ci-après.

N° 138.

Peut-on ne présenter au conservateur qu'un extrait littéral du titre ?

Le conservateur ne peut pas exiger l'expédition entière de l'acte. Un extrait littéral de tout ce qui est relatif à la créance et à l'affectation hypothécaire suffit pour qu'il soit tenu d'inscrire l'hypothèque.

Il n'en serait pas de même si l'on présentait un extrait analytique ; comme les extraits de ce genre sont plus ou moins exacts, suivant l'habileté du rédacteur, ils ne peuvent avoir la même autorité que les dispositions littérales des conventions des parties ; dans ce cas, le conservateur pourrait refuser d'inscrire.

N° 139.

Est-il nécessaire de présenter, avec le titre, deux bordereaux d'inscription?

.Oui, deux bordereaux doivent être joints au titre; ils doivent être écrits sur timbre; l'un deux peut être porté ur l'expédition du titre.

Divers auteurs ont prétendu que l'inscription pouvait avoir lieu sans bordereau; cette prét ntion est d'autant plus mal fondée, que la loi dit ῳu'on présentera au bureau des hypothèques de : bordereaux. »

La présentation de ces deux bordereaux au conservateur est nécessaire pour qu'il puisse faire l'inscription sur son registre. Comme le dit très-bien M. Troplong, « ces bordereaux sont le type de l'inscription. »

N° 140.

Les conservateurs doivent-ils copier entièrement, sur les registres des inscriptions, le contenu des bordereaux?

Ils ne sont pas forcés de copier textuellement. Ils peuvent en extraire tout ce qui est utile à l'inscription; mais, généralement, les conservateurs font copier les bordereaux en entier, afin de ne pas assumer sur eux une responsabilité à laquelle ils peuvent échapper facilement. En effet, en cas d'omission, de

6

nullité ou d'erreur, de la part de l'inscrivant, dans les bordereaux, le conservateur, en les copiant en entier, n'est pas responsable de la faute d'autrui ; tandis qu'en faisant lui-même l'inscription, sans copier le travail du créancier, il peut se tromper. Dans ce cas, alors, il devient responsable de son travail personnel.

<h3 style="text-align:center">N° 141.</h3>

Quand le titre se trouve sur du papier timbré qui n'est plus en usage, peut-on écrire l'un des bordereaux à la suite de ce titre?

Oui, l'on peut, dans ce cas, écrire l'un des bordereaux sur le titre, parce que, quand la loi permet d'écrire un acte à la suite d'un autre, on peut user de cette faculté, quoique le timbre dont le premier acte a été frappé soit devenu hors d'usage, lors même qu'il serait antérieur à 1791.

<h3 style="text-align:center">N° 142.</h3>

Les bordereaux doivent-ils, à peine de nullité, renfermer toutes les indications prescrites par le texte de l'article 2148, copié au n° 132 ci-devant?

Les commentateurs de cet article ne sont pas parfaitement d'accord sur ce point. Les uns pensent que l'inscription est nulle à défaut d'énonciation des prescriptions de cet article ; les autres sont d'un avis contraire. Pour nous, à qui il n'appartient pas de nous mêler aux débats qui ont eu lieu à ce sujet, exprimens du moins notre avis et disons aux créanciers :

Mettez dans les bordereaux tout ce qui est prescrit par l'article 2148 du Code Napoléon, et vous n'aurez pas à craindre d'être inquiétés.

N° 143.

Les bordereaux doivent-ils être signés et datés?

Cette obligation n'est pas imposée par la loi ; dès lors, les conservateurs ne peuvent refuser des bordereaux qui ne sont ni signés ni datés.

N° 144.

Quelles sont les formalités à remplir après la présentation des bordereaux et du titre au conservateur des hypothèques?

Le rôle du créancier est terminé aussitôt qu'il a remis son titre avec deux bordereaux.

Celui du conservateur des hypothèques commence.

Lorsque ces deux bordereaux ont été remis au conservateur, celui-ci copie l'un d'eux sur son registre, puis il remet à l'inscrivant le titre en vertu duquel est prise l'inscription et l'un des bordereaux au pied duquel il certifie avoir fait l'inscription ; l'autre bordereau reste entre les mains du conservateur, afin que, dans le cas où des difficultés s'élèveraient sur l'inscription, il fût à même de prouver que les erreurs intervenues ne sont pas de son fait, et que l'inscription est conforme au bordereau.

Le rôle du conservateur est passif; tout son ministère se borne à reproduire fidèlement sur son registre le contenu aux bordereaux.

C'est ce que nous avons déjà dit au n° 140 ci-devant.

Au surplus, l'administration de l'enregistrement, à laquelle les conservateurs appartiennent, leur défend de rédiger eux-mêmes les bordereaux.

N° 145.

Lorsque le conservateur ne peut faire de suite en présence de la partie, l'inscription sur son registre, quelle sera la garantie du créancier pour s'assurer que la formalité sera donnée le jour du dépôt?

L'article 2200 du Code Napoléon a prévu l'objection, en obligeant les conservateurs à délivrer aux parties un bulletin sur papier timbré, c'est-à-dire une reconnaissance constatant le dépôt de la pièce et énonçant le numéro du registre sur lequel la remise de cette pièce a été inscrite. Cette indication est nécessaire, non-seulement pour faciliter les recherches, mais encore pour garantir au public que le registre était à jour et que toute préférence est impossible.

Que ce soit une inscription à faire ou un acte à transcrire, le bulletin doit être délivré à la partie.

L'exécution de cet article du Code a pour objet la tranquillité des individus, et leur offre une complète garantie.

N° 146.

Quand le même individu dépose, à la fois, plusieurs bordereaux et plusieurs actes à transcrire, le conservateur doit-il délivrer autant de reconnaissances qu'il y a de pièces à formaliser ?

Non ; il n'est besoin que d'une réconnaissance pour toutes les pièces qu'une même personne apporte.

N° 147.

La partie doit-elle rapporter au conservateur la reconnaissance, afin de retirer ses pièces ?

Certainement, et quand un individu a égaré son bulletin, le conservateur, pour éviter d'être ultérieurement inquiété, exige la décharge des pièces dont il fait la remise. Cette décharge est ordinairement signée par la partie, en marge des articles, sur le registre de dépôt.

Disons que, dans la pratique, personne n'exige le bulletin de dépôt ; on s'en rapporte toujours à l'honorabilité des conservateurs. Est-ce à dire pour cela qu'ils ne font pas les bulletins ? Ils les font toujours,

6.

et les enliassent pour les représenter s'il en était besoin.

N° 148.

Quand un créancier a omis quelque chose dans les bordereaux, comment peut-il rectifier?

La rectification, quelle qu'elle soit, ne peut être faite qu'en requérant une inscription supplémentaire, laquelle ne prend rang pour la somme omise (si, par exemple, une portion du capital a été oubliée) qu'à partir du jour où elle aurait été faite.

N° 149.

Ne pourrait-on pas demander au conservateur d'opérer la rectification en marge de son registre?

Aucune rectification ne peut être faite par émargement. Ce mode, en effet, serait vicieux et illégal, et compromettrait la responsabilité du conservateur, qui ne peut faire aucun changement non autorisé par la loi. (Voir ci-après nᵒˢ 164 à 175, qui indiquent les choses qui peuvent être mises en marge des inscriptions.)

N° 150.

Le créancier inscrit pour un capital produisant intérêts est-il tenu d'indiquer, dans son inscription, qu'il demande ultérieurement à être colloqué pour les trois ans que lui accorde l'article 2151 du Code Napoléon?

Non; cela n'a pas besoin d'être indiqué dans le bordereau; l'article ci-dessus accorde le rang d'hypothèque dont jouit la créance à deux années d'intérêts et à l'année courante. L'inscription du capital suffit pour conserver ce rang de faveur à trois années d'intérêts.

Cependant il est d'usage, dans les bordereaux, d'indiquer que l'on entend conserver l'inscription pour ces trois années.

Nous conseillons, du reste, de suivre les modèles des inscriptions que nous donnons ci-après.

N° 151.

Lorsqu'un créancier veut conserver plus des trois années dont nous avons parlé dans l'article ci-dessus, que doit-il faire?

Pour les autres années d'intérêts, le créancier est dans l'obligation de prendre des inscriptions successives, et l'hypothèque de ces intérêts ne prend rang que du jour de l'inscription.

Suivant nous, la loi a eu raison de limiter le nombre d'années d'intérêts à conserver au même rang que le capital; car, si l'on eût permis à un créancier de se faire colloquer pour tous les intérêts au même rang d'hypothèque que le capital de la créance, il y aurait eu une grande incertitude sur le nombre d'années de ces intérêts, et les tiers eussent ignoré le montant exact des charges inscrites.

N° 151 (*bis*).

Lorsque la femme a consenti avec le créancier de son mari une subrogation dans son hypothèque légale, le créancier peut-il réunir dans un même bordereau tout ce qui est relatif à l'hypothèque conventionnelle et tout ce qui est relatif à l'hypothèque légale?

Cette question a été résolue d'une manière différente par les auteurs et les commentateurs de la nouvelle loi.

Les rédacteurs du *Journal de l'Enregistrement*, M. Hervieu et divers autres, ont pensé qu'il fallait diviser, par des bordereaux séparés, l'inscription conventionnelle et l'inscription d'hypothèque légale.

Mais MM. Troplong et P. Pont sont d'un avis contraire et prétendent que ces deux inscriptions peuvent être prises cumulativement.

M. Pont a très-savamment discuté la question dans la *Revue critique de Législation*. Il s'est élevé avec beaucoup de force contre l'abus des deux inscriptions, et a démontré, de la manière la plus péremptoire, la possibilité de rédiger les deux inscriptions dans un même bordereau.

C'est sans doute depuis que la presse a pu reproduire et faire connaître l'opinion de ce savant magistrat, que les inscriptions conventionnelles et légales sont maintenant presque toutes rédigées cumulativement; et malgré le préjudice que cet état de choses peut nous porter, nous n'hésitons pas à reconnaître que l'opinion de M. P. Pont est entièrement conforme à l'équité et à la justice.

Nous donnons, au surplus, le modèle d'une inscription d'hypothèque conventionnelle et d'hypothèque légale au n° 267 ci-après.

Des renouvellements d'inscriptions.

N° 152.

Combien durent les inscriptions ?

Les inscriptions conservent le privilége et l'hypothèque pendant dix ans, à compter du jour de leur date ; leur effet cesse, si ces inscriptions n'ont été renouvelées avant l'expiration de ce délai. (Code Napoléon, art. 2154.)

N° 153.

Est-il nécessaire de renouveler une inscription ?

Sans doute ; car l'hypothèque perd son rang à l'expiration de ses dix ans, de même que si elle n'avait jamais été inscrite ; tandis que quand l'inscription est renouvelée en temps utile, l'hypothèque continue à conserver son rang à la date de l'inscription primitive.

N° 154.

De quelle manière faut-il compter ces dix ans?

Le jour où l'inscription a été prise n'est pas compris dans le délai de dix ans accordé pour le renouvellement ; mais le jour du terme est compris dans le délai de dix ans ; ainsi, une inscription prise le 1er mars 1852 sera valablement renouvelée le 1er mars 1862.

N° 155.

Mais si le dernier jour du terme se trouve être un jour férié où les bureaux d'hypothèques sont fermés, le créancier aura-t-il jusqu'au lendemain?

Non ; le délai pour le renouvellement n'est pas, dans ce cas, prorogé au jour suivant ; car, d'après M. Troplong, il est certain que le jour *ad quem* est toujours compris dans le terme. *Dies termini computatur in termino.*

N° 156.

Que faut-il faire pour renouveler une inscription ?

Il suffit de présenter au conservateur des hypothèques deux bordereaux dans lesquels il convient de faire mention de la date, du volume et du numéro de la première inscription que l'on veut renouveler.

Il faut, en outre, que ce renouvellement contienne

toutes les énonciations contenues en l'inscription primitive.

N° 157.

Donnez un modèle de renouvellement ?
Voir le n° 274 ci-après.

N° 158.

Le conservateur est-il en droit de refuser d'inscrire un renouvellement, si l'on ne lui présente pas le titre originaire ?

Nous avons déjà répondu à cette question, au n° 137 ci-devant, par la négative; nous persistons ici à dire que le conservateur est tenu d'inscrire un renouvellement, même lorsqu'on ne lui produit pas le titre. En effet, si la loi exige la représentation du titre, lorsqu'il s'agit de prendre une première inscription, c'est pour que le conservateur soit pleinement assuré que l'individu qui requiert inscription n'est pas sans qualité ; mais, lorsque l'hypothèque a déjà été inscrite, le conservateur n'a plus la même crainte à avoir. Il ne peut pas douter que la réquisition, à fin de renouvellement, ne soit fondée sur un titre.

N° 159.

Quand une inscription est périmée, peut-on, malgré cela, la renouveler?

Oui; mais elle ne prend rang qu'à partir du jour du renouvellement.

La péremption de l'inscription ne fait pas perdre le droit hypothécaire; le créancier ne perd que son rang.

N° 160.

Toutes les inscriptions sont-elles soumises au renouvellement?

L'obligation de renouveler l'inscription est commune à toutes les inscriptions hypothécaires quelconques, même à celles qui sont prises d office ou en faveur des femmes mariées, des mineurs, du Trésor, des veuves, etc., etc., etc.

N° 161.

Qui doit renouveler l'inscription d'office prise au profit du vendeur par le conservateur?

Nous avons répondu à cette question, au n° 19 ci-devant.

N° 162.

Qui doit payer les frais d'inscription?

Les frais d'inscription et de renouvellement sont à la charge du débiteur; l'avance en est faite par l'inscrivant, sauf son recours contre le débiteur.

Changement de domicile; Subrogation; Cession de priorité d'hypothèque; Transport de l'hypothèque sur d'autres immeubles.

CHANGEMENT DE DOMICILE.

N° 163.

Qu'est-ce qu'on entend par changement de domicile?

Il est loisible à celui qui a requis une inscription, ainsi qu'à ses représentants ou cessionnaires par acte authentique, de changer, sur le registre des hypothèques, le domicile par lui élu, à la charge d'en choisir et indiquer un autre dans le même arrondissement.

N° 164.

Que doit faire un créancier lorsqu'il veut faire changer l'élection de domicile dans son inscription?

Le créancier se présente au bureau des hypothèques, muni de son bordereau d'inscription, et demande à changer le domicile élu. La déclaration est faite et signée sur le registre des hypothèques; le conservateur la rédige en marge de l'inscription.

N° 165.

Quand le créancier ne sait pas signer, que doit-il faire pour faire opérer le changement de domicile?

Quand le créancier ne peut signer la déclaration en marge du registre, il est tenu de faire une déclaration par acte notarié et d'en remettre une expédition au conservateur des hypothèques.

N° 166.

Le créancier qui veut opérer un changement d'élection de domicile, peut-il se faire représenter par un mandataire?

Oui; mais il faut que les requérants qui agissent par procuration remettent une expédition en forme au conservateur.

N° 167.

Les héritiers du créancier ou les cessionnaires du créancier peuvent-ils également faire changer le domicile élu?

Si les requérants agissent en qualité d'héritiers, ils doivent laisser entre les mains du conservateur l'acte de décès de l'inscrit et les actes authentiques qui prouvent qu'ils sont seuls héritiers de l'inscrit.

Si les requérants sont cessionnaires de l'inscrit, ils déposent également l'expédition de l'acte notarié

portant cession et subrogation à l'hypothèque du cédant. (Voir les numéros ci-après.)

SUBROGATION.

N° 168.

Qu'est-ce qu'une subrogation?

Une subrogation est un acte par lequel un créancier cède à une tierce personne les droits qu'il peut avoir contre son débiteur.

N° 169.

Que devient alors la position de cette tierce personne?

Cette tierce personne, que l'on peut appeler cessionnaire, vient au lieu et place du cédant; elle en exerce les droits.

N° 170.

Y a-t-il plusieurs espèces de subrogations?

Il y en a deux : la subrogation est conventionnelle ou légale.

N° 171.

Qu'entend-on par subrogation conventionnelle?

La subrogation est conventionnelle : 1° lorsque le créancier, recevant son payement d'une tierce personne, la subroge dans ses droits, actions, priviléges ou hypothèques contre le débiteur ; cette subrogation doit être expresse et faite en même temps que le payement ; — 2° lorsque le débiteur emprunte une somme à l'effet de payer sa dette et de subroger le prêteur dans les droits du créancier ; il faut, pour que cette subrogation soit valable, que l'acte d'emprunt et la quittance soient passés devant notaires ; que, dans l'acte d'emprunt, il soit déclaré que la somme est empruntée pour faire le payement, et que, dans la quittance, il soit déclaré que le payement a été fait des deniers fournis à cet effet par le nouveau créancier ; cette subrogation s'opère sans le concours et la volonté du créancier.

Ajoutons que, pour que la subrogation conventionnelle puisse recevoir son effet, il faut qu'elle ait été formellement stipulée dans l'acte d'emprunt, et qu'elle ait été constatée par acte authentique.

On aurait pu répondre à la question en disant simplement :

La subrogation conventionnelle est celle qui résulte des conventions des parties, en se conformant aux dispositions de l'article 1250 du Code Napoléon.

N° 172.

Qu'est-ce que la subrogation légale ?
La subrogation légale est celle qui a lieu sans l'intervention des parties.

Elle n'est pas le résultat d'une convention, et elle s'opère par la seule force de l'article 1251 du Code Napoléon, qui a déterminé les quatre circonstances dans lesquelles elle peut se produire.

Elle a lieu de plein droit :

1° Au profit de celui qui, étant lui-même créancier, paye un autre créancier qui lui est préférable à raison de ses priviléges ou hypothèques ;

2° Au profit de l'acquéreur d'un immeuble qui emploie le prix de son acquisition au payement des créanciers auxquels cet héritage était hypothéqué ;

3° Au profit de celui qui, étant tenu avec d'autres ou pour d'autres au payement de la dette, avait intérêt de l'acquitter ;

4° Au profit de l'héritier bénéficiaire qui a payé de ses deniers les dettes de la succession.

N° 173.

Le nouveau créancier subrogé est-il tenu de faire mentionner sa subrogation en marge de l'inscription qui lui a été cédée ?

Aucune loi n'impose l'obligation de faire mentionner une subrogation ou cession en marge de l'inscription prise au bureau des hypothèques ; on peut faire valoir l'inscription sans cette mention, qui ne sert pas même à fixer le rang entre les différents subrogés ou cessionnaires (1).

N° 174.

Si l'on n'est pas forcé à faire mentionner la subrogation en marge de l'inscription, n'est-il pas au moins très-utile de remplir cette formalité?

Puisque le créancier exerce les droits du cédant, il est intéressé à veiller à leur conservation ; il lui importe donc de se faire connaître. Sans cette précaution, si le créancier primitif ou ses héritiers étaient de mauvaise foi, ils pourraient donner mainlevée de l'inscription et causer un préjudice souvent irréparable.

Mais ce n'est pas seulement pour prévenir ce genre de fraude du subrogeant, que le subrogé a besoin de s'inscrire en son nom personnel ou de faire mentionner la subrogation en marge de l'inscription ; sans l'accomplissement de ces formalités, les tiers pourraient s'adresser à l'ancien créancier, qui, étant désintéressé, négligerait souvent de remplir les formalités nécessaires. Le subrogé qui n'aurait pas été averti par les significations d'un nouveau possesseur de l'immeuble affecté à sa créance, par des sommations de produire, ne pourrait ni surenchérir ni se présenter à l'ordre, et il perdrait sa créance.

(1) Il n'en est pas de même pour l'hypothèque légale de la femme. (Voir le n° 184 ci-après.)

Ainsi, quoique toutes les formalités soient facultatives pour le subrogé, son intérêt exige qu'il se fasse connaître pour se mettre à l'abri des dangers réels et nombreux que son silence causerait.

N° 175.

Que faut-il faire pour rendre la subrogation publique?

Il faut requérir qu'il en soit fait mention en marge de l'inscription prise au bureau des hypothèques ; à cet effet, on y dépose l'expédition authentique du titre qui subroge, et cette pièce doit rester à l'appui.

N° 176.

Le subrogé peut-il, en se faisant représenter par un mandataire, faire opérer la subrogation en marge de l'inscription?

Oui ; mais il faut remettre au conservateur, non-seulement l'expédition du titre qui subroge, mais encore l'expédition en forme de la procuration.

N° 177.

Les héritiers du cessionnaire peuvent-ils également faire faire cette mention?

Oui, en laissant entre les mains du conservateur : 1° l'expédition du titre qui subroge, 2° l'acte de décès du subrogé, 3° et les actes prouvant qu'ils sont les seuls héritiers du subrogé.

N° 178.

Quand le créancier subrogé n'a qu'un titre sous seings privés, peut-il, en le représentant au conservateur, obtenir la mention de la subrogation en marge de l'inscription ?

Non ; l'article 2152 du Code Napoléon commande, en termes exprès, de représenter un acte notarié pour opérer un changement de domicile ; à plus forte raison, on doit l'exiger pour la subrogation, qui est une formalité encore plus importante.

Par un acte sous seings privés, le conservateur est dans l'impossibilité de vérifier la sincérité des signatures ; il pourrait craindre la présentation d'une cession fausse. Dans ce cas, de graves inconvénients en résulteraient, puisque, la subrogation une fois opérée, le subrogé pourrait donner mainlevée de l'inscription et anéantir entièrement les droits du véritable créancier.

N° 179.

Que doit faire alors le subrogé qui n'a qu'un contrat sous seings privés et qui veut faire opérer la subrogation en marge de l'inscription ?

Il n'a qu'à faire, chez un notaire, le dépôt de l'acte sous seings privés, et présenter au conservateur l'expédition de l'acte de dépôt avec reconnaissance des écritures et signatures des parties, bien entendu. Dans ce cas, le conservateur n'a aucune objection à faire ; car c'est sur le notaire seul que pèse toute la responsabilité, puisque c'est à cet officier ministériel de s'assurer de l'identité des personnes.

N° 180.

La subrogation peut-elle n'être que partielle ?

La subrogation peut n'être que partielle, puisque le créancier est libre de ne céder qu'une partie de sa créance.

Dans ce cas, l'inscription appartient au subrogé jusqu'à concurrence de la créance cédée, et elle reste la propriété du créancier pour le surplus de la créance.

N° 181.

La subrogation peut-elle être faite à plusieurs individus ?

Oui, et dans ce cas, il doit être requis et fait autant de déclarations de subrogations qu'il y a de subrogés ayant des intérêts distincts.

N° 182.

Lorsque, par l'effet d'une ou plusieurs subrogations, la créance se trouve divisée, que doit faire chaque nouveau créancier ?

7.

Dans ce cas, chacun des créanciers nouveaux est tenu de veiller à la conservation de ses droits; le renouvellement de l'inscription par l'un d'eux, pour sa portion, ne peut profiter aux autres.

N° 183.

Lorsque le cédant, qui avait droit de prendre inscription contre son débiteur, n'a pas pris cette inscription, que doit faire le subrogé?

Le cessionnaire a le droit de prendre son inscription, soit en son nom personnel, soit au nom du cédant; s'il la prend au nom du cédant, il doit faire opérer la mention de sa subrogation en marge de cette inscription.

DE LA SUBROGATION DANS L'HYPOTHÈQUE LÉGALE
DE LA FEMME.

N° 184.

Nous venons de voir, art. 173 ci-devant, que les cessions faites par tous créanciers, de leurs hypothèques, n'ont pas besoin d'être mentionnées en marge de l'inscription du cédant pour être opposables à des cessionnaires postérieurs.

L'article 9 de la loi du 23 mars 1855 n'a rien changé à cet égard, puisqu'il ne s'occupe exclusivement que de l'hypothèque légale de la femme mariée.

Quant à la cession par la femme, de cette hypothèque légale, la loi nouvelle veut, au contraire, qu'elle soit mentionnée pour produire son effet ; c'est ce que nous allons essayer de démontrer.

N° 185.

Quel principe la nouvelle loi a-t-elle voulu établir ?

Elle a voulu imprimer à la cession ou à la renonciation faite par la femme, de son hypothèque légale, les caractères de l'authenticité et de la publicité.

N° 186.

Que dit l'article 9 de la loi du 23 mars 1855 ?

Cet article est ainsi conçu : « Dans le cas où les femmes peuvent céder leur hypothèque légale ou y renoncer, cette cession ou cette renonciation doit être faite par acte authentique, et les cessionnaires n'en sont saisis, à l'égard des tiers, que par l'inscription de cette hypothèque prise à leur profit, ou par la mention de la subrogation en marge de l'inscription préexistante.

Les dates des inscriptions ou mentions déterminent l'ordre dans lequel ceux qui ont obtenu des cessions ou renonciations exercent les droits hypothécaires de la femme.

Cet article veut, comme on le voit, que toute cession faite par une femme, de son hypothèque légale, ou toute renonciation à cette hypothèque, soit constatée par acte authentique.

Il veut, en outre, que le créancier qui profite d'une cession ou d'une renonciation rende publique l'hypothèque légale de la femme, et mentionne, en marge de l'inscription, l'acte qui lui en confère les avantages.

Nº 187.

Quelle différence, à cet égard, entre l'ancienne et la nouvelle loi?

C'est que, sous l'ancienne loi, l'hypothèque légale de la femme n'avait pas besoin d'être inscrite, et que les cessionnaires de la femme étaient naturellement dispensés d'opérer leur mention de subrogation ; tandis que la nouvelle loi oblige les cessionnaires à faire inscrire à leur profit cette hypothèque légale ou à mentionner la subrogation en marge de l'inscription préexistante.

L'obligation de mentionner en marge la cession ou la subrogation consentie a pour but d'avertir ceux à qui la femme céderait ensuite la même hypothèque, de la préexistence d'un droit préférable au leur.

N° 188.

Quelles sont les formalités à remplir par le cessionnaire de l'hypothèque d'une femme mariée?

Les commentateurs de la nouvelle loi ne sont pas d'accord entre eux sur ce point. M. Troplong prétend qu'il y a deux formalités à remplir par le subrogé : l'une, d'inscrire à son profit l'hypothèque légale de la femme; l'autre, de mentionner la cession en marge de l'inscription, et les deux formalités seraient tellement liées entre elles, que l'inscription serait le moyen d'arriver à la mention.

Nous pensons, avec M. Grosse, qu'il est inutile d'indiquer, en marge d'une inscription prise *à son profit*, que l'on est subrogé dans le bénéfice de cette même inscription.

Le créancier a bien deux formalités à remplir, mais non cumulativement; ces formalités sont à son choix, suivant les circonstances. S'il a été formulé une inscription au profit de la femme, il peut faire mentionner en marge la subrogation, ou, s'il n'y a pas d'inscription existante, il peut en requérir une à son profit.

Du reste, que l'on se reporte au texte de l'art. 9, que nous avons cité n° 186 ci-dessus, et l'on verra que le créancier doit faire *une chose ou l'autre*, soit l'inscription de l'hypothèque légale ou la mention en marge de celle qui existerait.

Depuis la promulgation de la loi, nous n'avons jamais vu remplir qu'une *seule* formalité, c'est-à dire que le créancier prend *à son profit* l'hypothèque légale de la femme.

Une fois cette inscription prise *à son profit*, il n'a évidemment pas besoin de dire en marge, dans une mention, ce qu'il a dit dans l'inscription même.

Plusieurs modes ont été adoptés. Nous allons les examiner pour donner ensuite notre avis.

Le mode suivi de prendre l'inscription d'hypothèque légale de la femme *au profit du créancier*, paraissait avoir de graves inconvénients. En effet, une femme qui contracte des emprunts avec son mari, subroge tous les créanciers dans l'effet de son hypothèque légale.

Ces créanciers prennent à leur profit chacun une inscription d'hypothèque légale contre le mari débiteur ; en sorte que si le mari et la femme contractent dix ou vingt emprunts, il est pris dix ou vingt inscriptions conventionnelles et dix ou vingt inscriptions d'hypothèque légale.

Les adversaires de ce système disaient que pour simplifier l'opération, il fallait que tous les créanciers subrogés de la femme ne fissent faire chacun qu'une mention de subrogation en marge de l'inscription d'hypothèque légale générale de la femme, requise au nom de celle-ci ; de cette manière, il n'y aurait qu'une seule inscription légale, et les mentions en marge détermineraient facilement le rang de chaque créancier. Lorsqu'un créancier subrogé serait remboursé, il ferait rayer simplement sa mention de subrogation. Cette manière d'opérer aurait l'avantage de conserver à la femme son hypothèque légale, et de faire connaître à peu de frais, aux tiers intéressés, toutes les subrogations consenties et le rang de chaque subrogé. D'un coup d'œil, on verrait la position de la femme; pour un franc, on connaîtrait l'importance de ses engagements, sans être obligé à lire, à étudier, à commenter dix ou vingt inscriptions dont le coût est fort élevé.

On disait bien que les inscriptions légales se faisant cumulativement avec les inscriptions conventionnelles, le coût de l'état n'était pas augmenté.

Mais on répondait :

Beaucoup de notaires prennent une seule inscription, mais beaucoup d'autres en prennent deux. Ensuite, les inscriptions cumulativement prises sont bien plus longuement motivées que celles qui sont isolées; de là, plus de timbre; partant, plus de frais à la fin de l'état.

On disait encore que la proposition eût été bonne avant l'arrêt de cassation du 5 février 1861, alors que plusieurs cours impériales (1) avaient longue-

______

(1) Cours d'Amiens, de Montpellier, d'Orléans.

ment et fortement décidé que l'inscription d'hypothèque légale de la femme, quoique prise au profit seul du créancier, profitait à la femme et ne devait pas être rayée définitivement ; mais qu'aujourd'hui la cour de cassation ayant changé la jurisprudence et décidé le contraire, l'inscription d'hypothèque légale de la femme pouvait, sans inconvénient, être inscrite au profit du créancier, puisqu'elle disparaîtrait avec la mainlevée de ce créancier.

Sans doute, si l'on n'envisage la question qu'au point de vue de la plus ou moins grande facilité de faire rayer l'inscription d'hypothèque légale prise au profit du créancier, on répondra que peu importe leur nombre, puisque la cour suprême a décidé qu'elles pouvaient disparaître entièrement ; mais l'inconvénient de cette multiplicité d'inscriptions d'hypothèque légale n'existera pas moins. Au lieu d'une seule inscription d'hypothèque légale requise au nom de la femme en marge de laquelle seraient toutes les mentions et la facilité de connaître de suite l'importance des engagements contractés, on aura un dépouillement souvent fort difficile à faire et un état dispendieux à payer.

Nous pensons que la cour de cassation a parfaitement fait de décider que l'inscription prise au profit du créancier pouvait être rayée comme ne profitant pas à la femme ; car, avec le système contraire, les transactions seraient devenues impossibles. En effet, un acquéreur aurait-il voulu payer son prix en voyant subsister, sur un état sur transcription, dix ou vingt inscriptions ?

Il était à craindre que la cour suprême se rangeât du côté des cours impériales ; mais M. P. Pont, qu'on peut appeler à juste titre le jurisconsulte le plus distingué de notre époque, aura fait prévaloir, par sa logique et son énergie, le système qu'il a si bien soutenu contrairement aux décisions antérieures.

Nous pensons qu'il n'est pas sans utilité de rapporter ici l'arrêt qui a été rendu.

« La Cour,

« Vu l'article 9 de la loi du 23 mars 1855, les articles 2136, 2138, 2139 et 2157 du Code Napoléon ;

« Attendu, en fait, que les inscriptions des créanciers subrogés dans l'hypothèque légale de la femme Theuvenot ont été prises par eux à leur profit exclusif, jusqu'à concurrence de leurs créances, avec déclaration expresse que ces inscriptions pourraient être rayées sur la simple mainlevée des créanciers, comme ne devant profiter qu'à eux seuls et non à la femme Theuvenot ;

« Attendu, en principe, que l'inscription a uniquement pour but de conserver au créancier qui la requiert le droit résultant de son contrat, droit dont elle n'est que le complément vis-à-vis des tiers, et dont elle ne saurait dès lors dépasser les effets et la portée ;

« Attendu que le droit du créancier auquel une hypothèque a été cédée, quoique relié par son origine au titre qui a créé cette hypothèque, ne dérive cependant que de la cession même qui le lui confère et qui en détermine pour lui l'étendue et les conditions; que c'est de ce droit, tel que la cession le lui a transmis, que la cession lui assure le bénéfice; qu'il en reste maître absolu, qu'il pourrait ne pas en user, qu'il peut y renoncer seul, qu'il peut de même seul donner mainlevée de l'inscription qui n'en est que l'accessoire et la manifestation extérieure;

« Qu'aucune distinction n'est à faire en ce qui concerne particulièrement la cession de l'hypothèque légale de 'a femme; que les dispositions par lesquelles, dans son intérêt et plus encore dans l'intérêt des tiers, la loi a pourvu à la publicité de cette hypothèque, sont étrangères aux créanciers de la femme; qu'ils ne sont pas chargés de veiller pour elle; qu'en dehors de leurs intérêts, ils n'ont pas mission pour prendre, sans son autorisation ou même contre son gré, une inscription dont ils ne peuvent le plus souvent vérifier les causes ou l'opportunité; que dans les diligences de ces créanciers, mise en action indispensable de leurs droits privatifs, on ne saurait voir l'exécution d'un mandat tacite de la femme, mandat dont la supposition, dans l'espèce actuelle et en fait, était absolument impossible;

« Que l'article 9 de la loi du 23 mars 1855 confirme pleinement ces principes; qu'il impose au créancier cessionnaire de l'hypothèque légale l'obligation, à l'égard des tiers, de la faire inscrire, mais seulement à son profit, c'est-à-dire dans les conditions ou la mesure de son droit propre ou personnel ; que le même article n'attribue à cette inscription d'autre effet que de déterminer l'ordre dans lequel les cessionnaires de la femme exercent entre eux ses droits hypothécaires ;

« Que ces cessionnaires sont donc les seules parties intéressées dans cette inscription, dont la femme n'a pas besoin pour conserver son hypothèque, qui continue d'exister à son profit, indépendamment de cette formalité ;

« Attendu, enfin, qu'en l'absence d'un texte précis formel, on ne saurait admettre le système absolu d'une inscription forcée, conséquence fortuite et cependant inévitable de tous les engagements de la femme, se multipliant avec ces engagements sur l'universalité des biens du mari ; que ce système, contraire au véritable esprit de la loi, telle qu'une saine pratique l'a interpétée, aurait pour résultat d'exposer les époux à des frais frustratoires, les créanciers et les acquéreurs à de vaines difficultés, le crédit de la propriété immobilière à des embarras sans compensation sérieuse pour la sécurité des tiers, mais non sans périls pour les intérêts moraux de la famille ;

« D'où il suit qu'en jugeant, contrairement à ces principes, que les inscriptions prises par les créanciers subrogés dans l'hypothèque légale de la femme Theuvenot n'avaient pas pu être radiées sur leur simple mainlevée, la cour impériale d'Orléans a faussement appliqué et par suite violé les articles de loi ci-dessus visés;

« Casse, etc. (1). »

Cette question de subrogation dans l'hypothèque légale de la femme est la plus importante qui se soit produite depuis la nouvelle loi hypothécaire. Elle a donné lieu à des discussions savantes de part et d'autre, et tout le monde attendait avec une vive impatience le moment où la cour de cassation viendrait se prononcer. Les notaires, les avoués, les avocats étaient en désaccord complet à ce sujet avec les conservateurs. Si ces derniers se trouvent battus aujourd'hui, il faut au moins reconnaître qu'ils avaient pour eux la jurisprudence des cours impériales, et que, s'ils ont défendu le terrain sur lequel ils étaient posés, c'était uniquement pour protéger les droits de la femme et sauvegarder les intérêts qui leur sont confiés.

Revenons à la subrogation de la femme et concluons que, pour arriver à la mention dont parle

(1) Président, M. Pascalis; conseiller rapporteur, M. Glandaz; plaidants, M⁰ˢ Rendu et Ripault; conclusions conformes, M. l'avocat général de Raynal.

l'article 9 de la loi du 23 mars 1855, deux moyens se présentent :

1° La mention de subrogation au profit du créancier, en marge de l'inscription d'hypothèque légale prise au nom de la femme ;

2° L'inscription d'hypothèque légale de la femme prise au profit du créancier subrogé..

Après avoir examiné les deux systèmes, nous pensons qu'il est préférable de prendre l'inscription de l'hypothèque légale de la femme au profit du créancier, parce que celle prise au profit de la femme entraîne après elle trop d'inconvénients.

En effet, l'hypothèque légale des femmes contre leurs maris ne peut jamais disparaître d'une manière absolue.

Elle peut simplement être limitée, par le contrat de mariage, à certains immeubles déterminés. (Article 2140 du Code Napoléon.)

Ou elle peut être réduite, pendant le mariage, après l'accomplissement des formalités prescrites par les articles 2144 et 2145 du Code Napoléon.

Or, qu'arriverait-il si, sans motifs sérieux, ou simplement pour éviter, en cas d'emprunt hypothécaire, la multiplicité des inscriptions que les prêteurs sont tenus de requérir, en vertu de l'article 9 de la loi du 23 mars 1855, les femmes prenaient l'inscription de leur hypothèque légale sur tous les biens en général du mari, s'il n'y a pas eu limitation par le contrat?

Il arriverait que, chaque fois que le mari et la femme, même d'accord, vendraient ou échangeraient un immeuble, soit de communauté, soit propre au mari, ils se trouveraient dans la nécessité d'accomplir les formalités prescrites par l'article 2144, c'est-à-dire de venir mettre à jour leur position, leurs ressources, les motifs de leur détermination, motifs que, peut-être, ils ont le plus grand intérêt à ne pas faire connaître.

Cet exposé de situation et de motifs ne doit pas être fait seulement à *une seule personne*, mais bien à *quatre* parents les plus proches de la femme.

De plus, il faut que la demande en radiation soit portée devant le tribunal; que le ministère public pose des conclusions; qu'il y ait jugement, enfin, passé en force de chose jugée.

Si l'immeuble est de peu de valeur, on reculera nécessairement devant les frais qu'entraîneraient ces formalités et qui pourraient absorber le prix.

Mais, ensuite, est-ce que l'amour-propre bien naturel des époux ne sera pas toujours un obstacle à l'accomplissement de ces formalités, en raison de leur publicité?

Quel sera donc le mari qui, à chaque opération, le résignera à aller demander l'avis de quatre parents de sa femme les plus proches, pour obtenir par avance leur assentiment, afin que, le cas arrivé, il puisse faire décharger les biens de l'hypothèque légale de sa femme ?

Pas un ne se soumettra à cette obligation, et les transactions et les mutations de propriété se trouveront ainsi paralysées complétement.

Quant à l'économie de frais dont nous venons de parler, elle n'a vraiment lieu que dans le cas où l'on veut savoir simplement la position du mari et de la femme et connaître les charges hypothécaires qui peuvent frapper leurs biens, puisque, au lieu d'un état chargé de vingt inscriptions légales, il n'y en aurait qu'une seule.

Mais, en nous plaçant au point de vue de la vente des biens du mari ou des biens de communauté, les frais pour arriver à faire disparaître l'inscription légale seraient énormes, puisque le moindre jugement rendu en conformité des articles 2144 et 2145 du Code Napoléon ne coûterait pas moins de 200 francs.

Si l'on ajoute à cette dépense les pertes d'intérêts et les désagréments sans nombre qu'entraînent à leur suite les lenteurs et les délais de rigueur pour l'obtention et la mise à exécution des jugements, on devra réfléchir dix fois avant de prendre l'inscription légale au profit de la femme.

Cette inscription légale ne devra donc être prise au profit de la femme que lorsque l'on voudra sauvegarder ses intérêts; mais, lorsque (ce qui arrive presque toujours) l'opération sera faite uniquement dans l'intérêt du créancier, l'inscription légale de la femme devra être prise au profit seul de celui-ci.

Nous ne nous étendrons pas plus longuement sur ce chapitre, parce que ce serait nous écarter de nos limites.

Rappelons ici que ce traité n'est qu'un catéchisme très-élémentaire qui n'est pas destiné à faire de la jurisprudence, mais simplement à donner aux étudiants et à ceux qui ne savent pas un aperçu d'un système qu'il n'est plus permis d'ignorer.

N° 189.

Lorsqu'un créancier subrogé par la femme veut requérir l'inscription d'hypothèque légale, peut-il le faire cumulativement avec l'inscription conventionnelle dans les mêmes bordereaux ?

Oui, à la condition, bien entendu, que cette inscription unique contienne, pour chacun des droits inscrits, les indications prescrites par le Code Napoléon, à savoir : celles qui sont énumérées dans l'art. 2148, en ce qui concerne l'hypothèque conventionnelle, et celles qui sont énumérées dans l'art. 2153, en ce qui concerne l'hypothèque légale. Au chapitre des modèles de bordereaux, on trouvera les formules le plus en usage.

CESSION DE PRIORITÉ D'HYPOTHÈQUE.

N° 190.

Qu'entend-on par cession de priorité d'hypothèque?

C'est le consentement donné par un créancier inscrit, afin qu'un autre créancier qui venait après prenne sa place. Ce n'est pas une subrogation de créance, c'est plutôt une subrogation de rang.

Ce consentement doit être donné par acte devant notaire ; l'expédition est remise au conservateur des hypothèques, qui fait alors une double mention pour constater, à l'égard de chaque créancier, le changement de rang ; chacune de ces mentions est faite en marge des deux inscriptions modifiées.

TRANSPORT DE L'HYPOTHÈQUE SUR D'AUTRES IMMEUBLES.

Il est loisible à tout créancier de stipuler avec son débiteur que l'hypothèque qui grevait spécialement tel immeuble sera reportée sur tel autre.

N° 191.

Quelles sont les formalités à remplir dans cette circonstance?

Il faut un double consentement : celui du créancier, qui consent à donner mainlevée de son inscription sur tel immeuble, et celui du débiteur, qui consent à ce qu'une inscription soit prise contre lui sur tel autre immeuble.

Ce double consentement peut être contenu dans un acte authentique.

Une expédition est remise au conservateur pour rayer l'inscription en ce qu'elle frappe sur l'immeuble que l'on veut affranchir.

Et deux bordereaux lui sont également remis pour prendre une inscription sur les nouveaux immeubles affectés par le débiteur.

De la radiation des inscriptions.

N° 192.

Comment sont rayées les inscriptions ?

Les inscriptions peuvent être rayées du consentement des parties intéressées.

Ce consentement est contenu dans un acte notarié, et l'on doit en remettre une expédition au conservateur.

N° 193.

Les inscriptions ne peuvent-elles pas encore être rayées d'une autre manière?

Elles peuvent l'être en vertu d'un jugement en dernier ressort et passé en force de chose jugée.

N° 194.

Lorsque la radiation a été opérée par le conservateur, que devient l'inscription ?

L'inscription disparaît; elle est comme si elle n'avait jamais existé; c'est un moyen pour le débiteur de rétablir son crédit et d'annoncer au public qu'il est désormais libéré.

N° 195.

Un créancier peut-il renoncer à son inscription sans renoncer pour cela à son droit d'hypothèque?

Oui, un créancier qui consent à la radiation de son inscription n'est pas toujours censé, pour cela, avoir nécessairement renoncé à son droit d'hypothèque, car l'extinction de l'hypothèque et la radiation sont deux choses très-différentes. Un créancier peut, pour ménager le crédit de son débiteur, consentir à lever momentanément l'inscription qui grève sa propriété.

N° 196.

Une fois l'inscription rayée, le créancier qui n'a pas renoncé à son droit d'hypothèque peut-il reprendre plus tard une inscription ?

Cela n'est pas douteux ; tant que le créancier n'a pas renoncé à son droit d'hypothèque, celle-ci subsiste et ne peut être altérée par des concessions faites pour en suspendre la publicité.

L'inscription reprise ne viendra qu'à la date où elle sera reprise.

N° 197.

Un créancier peut-il donner mainlevée par un mandataire ?

Oui, mais il faut représenter, avec l'expédition de la mainlevée, l'expédition authentique de la pro-curation.

N° 198.

Un cessionnaire du créanceier peut-il donner main-levée de l'inscription ?

Oui, mais la radiation ne pourra être faite par le conservateur que si la mention de subrogation a été opérée en marge de l'inscription, ou par la re-présentation de l'expédition de l'acte de cession avec l'expédition de la mainlevée.

N° 199.

Un héritier ou les héritiers du créancier peuvent-ils donner mainlevée de l'inscription?

Oui, mais il faut, pour opérer la radiation, présenter au conservateur :

L'expédition de la mainlevée et les actes propres à faire connaître la qualité des héritiers; ces actes sont : ou l'expédition de l'intitulé d'inventaire fait après le décès, ou un acte de notoriété.

Nous ne nous étendons pas plus longuement sur la manière d'opérer les radiations, parce que ce n'est jamais la partie qui fait rayer, c'est toujours le notaire rédacteur de la mainlevée qui dépose, en même temps au bureau des hypothèques, toutes les pièces justificatives, pièces qu'il connaît aussi bien que nous.

Le chapitre des radiations aurait comporté plus de développements, si cet ouvrage était destiné aux notaires et aux conservateurs; mais, comme nous l'avons dit dans notre introduction, il a été fait pour venir simplement en aide aux personnes qui ont des formalités hypothécaires à remplir ou à surveiller.

De la réduction des inscriptions excessives.

N° 200.

N'y a-t-il pas des cas où un débiteur a le droit d'exiger la radiation en partie de l'inscription prise contre lui, même quand il n'a pas rempli les engagements pour lesquels l'inscription a été prise ?

Oui ; toutes les fois que les inscriptions prises par un créancier qui, d'après la loi, aurait droit d'en prendre sur les biens présents ou sur les biens à venir d'un débiteur, sans limitation convenue, seront portées sur plus de domaines différents qu'il n'est nécessaire à la sûreté des créances, l'action en réduction ou en radiation d'une partie, en ce qui excède la proportion convenable, est ouverte au débiteur.

N° 201.

Quelles sont les inscriptions qui sont réputées excessives ?

Ce sont les inscriptions qui frappent sur plusieurs domaines, lorsque la valeur d'un seul ou de quelques-uns d'entre eux excède de plus d'un tiers, en fonds libres, le montant des créances en capital et accessoires légaux.

Peuvent aussi être réputées comme excessives, les inscriptions prises d'après l'évaluation faite par le créancier des créances qui, en ce qui concerne l'hypothèque à établir pour leur sûreté, n'ont pas été réglées par la convention et qui, par leur nature, sont conditionnelles, éventuelles et indéterminées.

N° 202.

Quand un débiteur qui se trouve dans l'un des cas prévus ci-dessus veut faire réduire son inscription, que doit-il faire?

Il faut s'adresser au tribunal civil de première instance de l'arrondissement où sont situés les biens hypothéqués. La loi laisse à la prudence des juges la faculté de concilier les droits vraisemblables du créancier avec l'intérêt du crédit à conserver au débiteur.

N° 203.

Les inscriptions conventionnelles peuvent-elles être réduites?

Un débiteur qui a consenti une affectation hypothécaire sur tous ses biens, même quand la valeur de ces biens serait excessive, ne peut jamais faire réduire son inscription comme excessive; les tribunaux n'ont pas le droit d'annuler les conventions écrites des parties.

Dans le cas d'inscription conventionnelle, il n'appartient qu'au créancier seulement de consentir la réduction de son hypothèque.

DE LA TRANSCRIPTION.

N° 204.

Nous avons donné, au commencement de cet ouvrage, le texte de la loi du 23 mars 1855 sur la transcription; le lecteur devra y recourir au besoin.

Avant d'entrer en matière, mentionnons ici ce qu'en
dit M. Troplong : « Cette loi est un bienfait ; elle com-
« plète le Code Napoléon, laisse subsister ses idées
« mères, et, en ordonnant la publicité des conven-
« tions, elle sauvegarde les droits des tiers et con-
« court puissamment à la sécurité et au crédit de la
« propriété foncière. »

Tous les commentateurs de ladite loi n'en disent
pas autant de bien. Cependant il faut reconnaître que
la clandestinité des mutations, sous le régime hypothécaire précédent, était souvent un obstacle à la sécurité des transactions.

Les notaires doivent se féliciter de cette loi, puisque, dans un temps qui se rapproche chaque jour, la
propriété, reposant d'une manière incommutable entre

les mains des possesseurs, se transmettra plus facilement, et leur responsabilité se dégagera insensible-
ment des conséquences fâcheuses résultant de la faculté que donnait l'ancienne loi de ne pas faire transcrire.

La loi nouvelle veut que les transmissions entre-
vifs de la propriété immobilière soient rendues publiques par la transcription, afin de pouvoir être opposées
aux tiers. Elle ne détruit pas le principe du Code Napoléon, d'après lequel la propriété se transmet, entre
les parties contractantes, par la seule puissance du
consentement; la loi du 23 mars 1855 n'a introduit
la transcription qu'à l'égard des tiers. Elle a voulu
que ces tiers fussent instruits des mouvements de la
propriété qui les intéresse, et, dans ce but, elle ne
permet de leur opposer les actes de transmission
qu'autant qu'ils ont été transcrits.

Nous allons maintenant entrer dans les détails
utiles à connaître touchant la transcription; nous
combinerons les articles de l'ancienne loi qui n'ont
pas été changés avec la nouvelle loi, et nous aurons
soin de ne dire que ce qui paraît utile et élémentaire
au point de vue pratique, en laissant de côté les discussions plus ou moins savantes des nombreux commentateurs, qui ne sont et ne seront jamais d'accord
entre eux.

N° 205.

Qu'est-ce que la transcription?

La transcription est une formalité qui consiste à copier en entier, sur un registre spécial, tous les actes translatifs de la propriété d'immeubles ou droits réels immobiliers qui sont déposés dans les bureaux d'hypothèques dans l'arrondissement duquel ils sont situés.

N° 206.

Quel est le but de la transcription?

Le but de la transcription est de rendre l'acquéreur propriétaire incommutable des biens acquis.

C'est d'arriver à purger ces mêmes biens de toutes inscriptions de priviléges et hypothèques, et d'empêcher l'effet de celles qui pourraient arriver après la transcription.

N° 207.

La loi de 1855 a-t-elle rendu la transcription obligatoire?

Non ; mais en laissant la transcription facultative, elle a attaché à son omission des dangers dont les acquéreurs et les nouveaux possesseurs vigilants voudront se préserver en s'en faisant une sauvegarde.

N° 208.

Quels sont les dangers de la non-transcription ?

L'acquéreur qui ne fait pas transcrire s'expose à mille dangers :

1° IL N'EST PAS PROPRIÉTAIRE INCOMMUTABLE ;

2° SA PROPRIÉTÉ EST SOUMISE AU DROIT DE SUITE ÉTABLI PAR LES ARTICLES 2166 ET SUIVANTS DU CODE NAPOLÉON ;

3° SON PRIX N'EST PAS DÉFINITIVEMENT FIXÉ ;

4° IL PEUT PAYER DEUX FOIS SON PRIX.

Il n'est pas propriétaire incommutable, puisqu'aux yeux des tiers, c'est la transcription seule qui rend propriétaire. (Art. 1, 2 et 3 de la loi du 23 mars 1855.) En effet, le vendeur, porté toujours comme vrai propriétaire sur les registres de la conservation des hypothèques, peut tromper la bonne foi des tiers, leur vendre une propriété déjà sortie de ses mains ; le nouvel acquéreur fera, lui, transcrire son contrat, et dépossédera le premier acquéreur, qui s'était endormi dans une sécurité dangereuse.

Sa propriété est soumise au droit de suite établi par les articles 2166 et suivants du Code Napoléon. — La transcription arrête seule le cours des inscriptions. Tant que la vente n'est pas transcrite, le vendeur peut hypothéquer son immeuble, puisqu'aux yeux des tiers il en est toujours propriétaire. Le conservateur des hypothèques n'ayant aucun moyen de savoir qu'il a vendu, donnera un certificat constatant qu'il n'y a à son compte aucun acte de dépossession ; des inscriptions seront prises, et comme elles suivent le bien dans quelques mains qu'il passe, l'acquéreur subira alors les conséquences du droit de suite.

Son prix n'est pas définitivement fixé. — En effet, le prix reste incertain tant que les créanciers n'ont pas été mis en demeure de surenchérir.

Un créancier peut être tenté de former une surenchère soit par un accroissement de la valeur vénale de l'immeuble vendu, soit par des motifs de convenance, soit même par l'espoir de récupérer des valeurs incertaines et regardées comme perdues, soit enfin qu'un motif de jalousie et de rancune détermine à agir contre l'acquéreur et à devenir propriétaire à sa place.

Il peut payer deux fois son prix. — Lorsque l'acquéreur veut se libérer, il lui importe d'avoir la certitude de ne pas payer deux fois. S'il ne fait pas transcrire, il ignorera que la propriété est le gage de créanciers privilégiés ou autres, qu'elle assure la dot d'une femme, le reliquat d'une tutelle.

Le vendeur pourra hypothéquer l'immeuble vendu

tant qu'il en sera toujours censé propriétaire, c'est-à-dire tant que l'acquéreur n'aura pas averti les tiers, par la transcription, que la propriété est passée dans ses mains.

Il est indispensable, pour l'acquéreur, de se conformer aux prescriptions de l'article 2181 du Code Napoléon :

« Les contrats translatifs de la propriété d'immeu-
« bles ou droits réels immobiliers, que les tiers dé-
« tenteurs voudront purger de priviléges et hypothè-
« ques, seront transcrits en entier par le conservateur
« des hypothèques dans l'arrondissement duquel les
« biens sont situés. »

En résumé, le défaut de transcription compromet l'acquéreur et peut produire une foule de désordres, de méprises et de fraudes, que ceux diligents voudront éviter, en se conformant à l'article 2181 du Code Napoléon et aux articles 1er, 2 et 3 de la nouvelle loi de 1855.

N° 209.

L'acquéreur qui n'a pas transcrit n'a-t-il pas un recours contre son vendeur qui aurait revendu ou hypothéqué l'immeuble primitivement vendu?

Sans doute, l'acquéreur aura son recours contre son vendeur de mauvaise foi qui aura vendu ou hypothéqué le domaine déjà vendu; mais ce recours peut être illusoire, par suite de l'insolvabilité du vendeur, et quand bien même le vendeur serait encore solvable, il n'est pas moins vrai que l'acquéreur sera tourmenté, exposé à des avances de frais et à des démarches coûteuses, qu'il sera dépouillé d'une propriété qui lui convenait, et que le montant des dommages-intérêts que son vendeur sera tenu de lui payer ne compensera souvent pas les soins et les améliorations qu'il avait donnés aux terrains acquis.

Pour ne pas avoir fait transcrire son contrat, l'acquéreur sera obligé à des soins multipliés; il devra figurer dans des instances, répondre à des significations; en un mot, sa tranquillité sera menacée chaque jour, et il en éprouvera d'autant plus de regrets, qu'il pouvait éviter tous ces tourments par l'observance très-peu coûteuse (1) des prescriptions de la loi.

N° 210.

Quels sont les actes qui doivent être transcrits?

Les articles 1 et 2 de la loi du 23 mars 1855, rapportés n° 204 ci-dessus, indiquent les actes qui doivent être transcrits. Ces actes sont détaillés dans la nomenclature suivante, qui donne les principaux :

1° *Acquisitions.* — Celles faites par les particuliers et celles pour le compte de l'État, des départements,

____

(1) On verra, au n° 219 ci-après, ce que coûte une transcription.

des communes et des établissements publics ou de charité.

2° *Actions de la Banque.* — Les propriétaires d'actions immobilisés, qui voudront rendre à ces actions leur qualité primitive d'effets mobiliers, devront en faire la déclaration à la Banque; cette déclaration sera transcrite au bureau des hypothèques de Paris. (Loi du 17 mai 1834.)

3° *Bail emphytéotique.* — L'emphytéote ayant la faculté de disposer de tout ce qu'il possède à ce titre, par vente, échange ou donation et par affectation hypothécaire, il en résulte que le bail emphytéotique est de nature à être transcrit. (Cour de cassation, 19 juillet 1832. S. 32. 1. 651.)

4° Les baux de plus de 18 ans. (Loi du 23 mars 1855.)

5° Les quittances ou cessions de trois années de loyers ou de fermages non échus. (Même loi.)

6° *Contrats de mariage.* — Ils sont susceptibles d'être transcrits, pour les donations entre-vifs qu'ils renferment.

7° *Donations entre-vifs.* — Elles sont essentiellement susceptibles de transcription; il en est de même à l'égard des donations par forme de partage faites par les père et mère et autres ascendants en faveur de leurs enfants et descendants.

8° *Échanges.* — Les actes d'échange sont, comme les adjudications et ventes d'immeubles, sujets à la transcription.

9° *Expropriations pour cause d'utilité publique.* — Le jugement qui prononce l'expropriation pour cause d'utilité publique doit être immédiatement transcrit au bureau des hypothèques.

Les priviléges et les hypothèques conventionnelles, judiciaires ou légales, antérieures au jugement, doivent être inscrits avant la transcription.

Il en est de même pour l'adjudication par suite de saisie immobilière. (Loi du 21 mai 1858.)

A défaut d'inscription dans ce délai, l'immeuble exproprié demeurera affranchi de tous priviléges et hypothèques, de quelque nature qu'ils soient.

10° *Faillites.* — La transcription de l'adjudication des biens d'un failli est nécessaire pour éviter l'action hypothécaire.

11° *Hospices.* — Les actes de vente de leurs immeubles sont susceptibles d'être transcrits.

12° *Marais à dessécher.* — L'acte de concession ou l'ordonnance qui permet le desséchement au compte de l'État doit être transcrit. (Loi du 16 septembre 1807.)

13° *Servitudes.* — La concession pour un temps limité de droit de passage, d'une prise d'eau ou d'une portion d'eau provenant d'une pompe à feu, est sujette à la transcription.

14° *Testaments.* — Le testament portant transmission, aux petits-enfants du testateur, de la nue propriété des immeubles, dont l'usufruit est légué à ses enfants, contient une disposition équivalente à celle autorisée par l'article 1048 du Code Napoléon, qui permet aux père et mère de donner à leurs enfants ceux de leurs biens dont ils peuvent disposer, à charge de les rendre aux enfants des donateurs; ainsi un pareil testament est susceptible de la transcription.

15° *Usufruits.* — La loi déclarant susceptible d'hypothèque l'usufruit des biens immobiliers, la cession qui pourrait en être faite est sujette à la transcription. (Hervieu, pages 508, 509 et 510.)

Les actes les plus fréquents sont : la vente, l'échange et la donation; ce sont ceux dont nous nous occuperons.

Ces actes donnent lieu à un immense mouvement de transactions, qui attestent la richesse privée et accroissent la richesse publique; ce sont, dit M. Troplong, les pivots de la mobilisation du sol, et rien n'est plus utile que leur transcription.

Ce livre étant plus spécialement destiné à ceux qui vendent et achètent des immeubles, il nous paraît utile de donner ici quelques indications touchant le contrat de vente, qui est assurément le plus fréquent, dans les campagnes surtout.

Contrat de vente.

Il est essentiel d'énoncer dans une vente :

Les noms, prénoms, professions et domiciles des vendeurs, avec l'indication des professions et domiciles qu'ils ont pu avoir précédemment ;

Les noms, prénoms, professions et domiciles des acquéreurs, avec les mêmes indications.

Lorsque les noms sont parfaitement indiqués, il y a bien plus de garanties pour les parties ; car, à défaut d'un prénom ou d'une lettre dans un nom, un vendeur pourrait être confondu avec un autre et donner lieu à des méprises regrettables ; il serait alors porté sur les registres du conservateur des hypothèques à un compte autre que le sien, et il pourrait être délivré à l'acquéreur, lors de la transcription de son contrat, des inscriptions qui ne frapperaient pas sur l'immeuble vendu. A qui serait la faute? Ce ne serait pas celle du conservateur, mais bien celle de la partie, qui en supporterait seule les conséquences.

Quand tous les noms sont bien écrits dans les

ventes, on évite dans les états des frais souvent considérables, parce que les inscriptions délivrées ne portent jamais que sur les débiteurs dont les noms coïncident en tous points avec ceux des parties désignées dans les actes.

L'acquéreur a le plus grand intérêt à obtenir le concours solidaire de la femme à la vente des biens propres au mari ou des biens de communauté, parce que ce concours de la femme équivaut, de la façon la plus expresse, en faveur de l'acquéreur, à sa renonciation à son hypothèque légale.

La désignation des immeubles vendus doit être faite avec le plus grand soin. Tous les auteurs s'accordent à désirer que non-seulement on donne la nature, la contenance et le lieu dit de l'immeuble, objet de la transmission, mais encore toutes les indications portées sur la matrice cadastrale ; malheureusement, c'est la voix qui crie dans le désert; les notaires ne veulent pas se donner la peine de puiser à cette source; aussi voit-on tous les jours erreurs sur erreurs, des contenances erronées, des lieuxdits qui n'existent pas sur la matrice et des indications qui donnent lieu à une augmentation de frais qui viennent encore accroître les charges qui pèsent sur la propriété foncière.

Quant à l'établissement de propriété et au payement du prix, nous en parlerons plus loin au chapitre de la *purge*.

N° 211.

Avant la loi de 1855 était-il utile de faire trans-crire?

Certainement; dès avant la loi de 1855, les acquéreurs diligents prenaient soin d'opérer la transcription de leurs actes d'achats, afin de purger les hypothèques conventionnelles ou légales existant sur les immeubles à eux vendus. Pour ces hommes bien conseillés, la loi de 1855 n'est pas une innovation; elle fortifie une pratique salutaire. Elle n'est une nouveauté que pour ceux qui, dans le but d'éviter quelques frais, aiment mieux compromettre leur sécurité et s'exposer à mal acquérir.

N° 212.

N'y a-t-il pas des ventes qui sont dispensées de la transcription?

Oui; il est des cas où la vente échappe à la nécessité de la transcription: c'est lorsqu'elle intervient entre cohéritiers ou copartageants, et qu'elle fait cesser l'indivision.

Nous avons vu, au n° 37 ci-devant, que toutes les fois que l'indivision ne cesse pas complétement entre les cohéritiers ou copropriétaires, l'acte n'a plus le caractère du partage; il reste dans la classe des conventions ordinaires et doit être transcrit. Ainsi, la vente d'un cinquième, par un héritier qui n'a qu'un cinquième, n'est pas un partage, et dès lors doit être transcrite.

A plus forte raison, la licitation doit-elle l'être, quand elle se fait avec admission d'étrangers et que l'adjudication a lieu en faveur d'un individu qui n'est ni cohéritier ni copropriétaire.

L'article 1er de la loi du 23 mars 1855, qui dispense de la transcription les jugements d'adjudication sur licitation entre cohéritiers et copartageants, ne s'applique pas non plus au cas où l'adjudication est prononcée au profit d'un individu qui s'est rendu antérieurement cessionnaire de la part de l'un des cohéritiers. (Casstion du 21 juillet 1858.)

Elle assujettit également à la transcription l'adjudication sur licitation, dans le cas où l'immeuble indivis a été adjugé à plusieurs des colicitants entre lesquels continue de subsister l'indivision. (Cassation du 18 mai 1858.)

N° 213.

Les partages n'ont donc pas besoin d'être transcrits?

Non, parce que le partage n'est qu'un acte déclaratif d'un droit préexistant, puisque, d'après l'art. 883 du Code Napoléon, chaque cohéritier est censé avoir succédé seul et immédiatement à tous les effets compris dans son lot ou à lui échus sur licitation.

On voit que le partage ne saurait être assimilé à

la vente. Celle-ci crée un droit nouveau, celui-là déclare un droit préexistant ; à la vérité, le partage n'est déclaratif que par une fiction de la loi ; il confère, en réalité, des droits nouveaux à chacun des copar-tageants et transforme la propriété, en la rendant individuelle de commune et d'indivise qu'elle était auparavant ; mais l'article 883 est là pour servir de règle et pour dispenser de la transcription.

N° 213 (bis).

N'y a-t-il pas cependant des cas où les partages doivent être transcrits ?

Oui ; les partages peuvent et doivent même être soumis à la formalité de la transcription, lorsqu'ils contiennent des conditions de *servitudes*.

Si l'article 1er de la loi du 23 mars 1855 a dispensé les partages de la transcription, l'article 2 de la même loi impose l'obligation de faire transcrire les actes constitutifs de *servitudes*.

Dans un acte de partage, il peut arriver et il arrive souvent même que des conventions indépendantes du partage interviennent relativement à des servitudes. Un copartageant impose une servitude à son cohé-ritier. Dans ce cas, le partage doit évidemment être transcrit ; il serait très-imprudent, de la part de celui qui doit profiter de la servitude, de ne pas s'as-surer la propriété par la transcription, puisque son copartageant pourrait céder la servitude à un autre

qui, plus diligent, ferait transcrire avant lui et le dé-
pouillerait de ses droits.

L'auteur anonyme d'une brochure excellente sur
la transcription, publiée dans le département de
Maine-et-Loire, s'est demandé si, dans ce cas, il fallait soumettre le partage entier à la transcription
ou seulement un extrait *parte in quâ* renfermant
tout ce qui a rapport seulement aux servitudes
créées.

Nous sommes d'avis qu'un extrait, pour transcrire,
est suffisant, pourvu, toutefois, qu'il renferme assez
d'explications pour permettre de savoir ce qui a
déterminé la formalité et tout ce qui peut intéresser
les tiers.

Il y a des circonstances où il ne faut pas toujours
et dans tous les cas être à cheval sur l'article 2181.
Lorsqu'on retranche d'un partage une longue attribu-
tion d'immeubles et une désignation plus longue encore pour ne soumettre à la transcription que ce qui
est tout à fait relatif à la servitude, on a, suivant
nous, rempli les obligations imposées par l'art. 2181
du Code Napoléon, et en même temps on a profité du
bénéfice de l'article 883 du Code Napoléon, combiné
avec le § IV de l'article 1er de la loi du 23 mars
1855.

N° 214.

Où la transcription doit-elle être faite?

Au bureau des hypothèques de l'arrondissement où sont situés les biens.

N° 215.

Que doit-on faire lorsque l'acte renferme des biens dans plusieurs arrondissements?

L'acte doit être transcrit dans tous les arrondissements où sont situés les biens; le conservateur ne transcrit que pour les immeubles situés dans l'arrondissement de son bureau.

N° 216.

Comment la partie saura-t-elle que son acte a été transcrit?

Par la mention que met au bas de l'acte le conservateur, constatant que les formalités ont été remplies.

N° 217.

Lorsque le conservateur ne peut faire de suite, en présence de la partie, la transcription sur son registre, quelle sera la garantie du déposant pour s'assurer que la transcription sera faite le jour du dépôt?

Nous renvoyons, pour la réponse, au n° 145 ci-devant.

N° 218.

Qui doit payer les frais de transcription?

C'est à l'acquéreur à payer les frais de transcription.

N° 219.

Ces frais sont-ils considérables?

Non ; la transcription d'une vente sous seings privés coûte environ 3 francs ; la transcription d'une vente notariée coûte environ 5 francs.

Nous ne savons où M. André, membre du Corps législatif, a trouvé que la transcription coûterait 12 francs (séance du 17 janvier 1855) ; quelques commentateurs de la nouvelle loi ont pris ce chiffre comme exact et se sont demandé si le pauvre habitant des campagnes recevrait, comme un bienfait, une loi d'une exécution si onéreuse.

Pour nous, qui, à défaut de science, avons au moins la pratique des affaires, nous allons essayer de démontrer que l'on a exagéré la dépense de plus de moitié.

PREUVE.

La vente est sous seings privés ou notariée.

1ᵉʳ EXEMPLE.

Si elle est sous seings privés, voici ce qu'elle coûtera :

Droit fixe dû au Trésor. . . . . 1 »»

Décime . . . . » 10

Timbre { du registre des dépôts. . .» 06 / du bulletin de dépôt. . . . .» 35 } 1 13 / du registre de transcription. » 72 }

(On suppose que l'acte a 50 lignes.)

Salaires du { Dépôt. . . . .» 25 } Conservateur. { Transcription. . . . .» 50 } » 75

Total général. 2 98

2ᵉ EXEMPLE.

Si la vente est notariée, voici ce qu'elle coûtera :

Droit fixe au profit du Trésor. . . . . 1 »»

Décime. . . . . » 10

Timbre { du registre du dépôt. . . .» 06 / du bulletin de dépôt. . . .» 35 } 1 70 / du registre de transcription. 1 20 }

(On suppose que la copie contient 90 lignes.)

Salaires du { Dépôt. . . . .» 25 } Conservateur. { Transcription. . . . .» 90 } 1 15

Total général. 3 95

Ces deux exemples sont très-exacts ; il est, du reste, facile de s'en convaincre au moyen du détail établi. Nous avons supposé, pour notre calcul, que l'acte sous seings privés contenait 50 lignes, et, à cet égard, nous avons pris plutôt plus que moins, car les ventes sous seings privés ne contiennent généralement pas plus de 30 ou 40 lignes. Les actes sous seings privés qui sont plus longuement établis sont les partages, dont nous n'avons pas à nous occuper, puisqu'ils ne sont pas assujettis à la transcription.

Si l'acte est notarié, il ne contiendra pas plus de deux rôles (généralement les ventes de 20 francs jusqu'à 1,000 francs n'ont pas plus de deux rôles), ce qui fait, comme nous l'avons établi au second exemple, 90 lignes au plus du registre de transcription.

On a parlé des frais de voyage au lieu où se trouve le conservateur quand l'acte est sous seings privés, et de la vacation du notaire quand l'acte est notarié, et l'on a fait encore de l'exagération.

En effet, les bureaux d'hypothèques sont aux chef-lieux de département et d'arrondissement, où les habitans des campagnes se rendent généralement les jours de foires et de marchés. Ils n'ont donc pas de voyage exprès à faire pour déposer un acte à la transcription ; s'ils ne veulent pas aller à la ville, ils profitent de l'occasion d'un ami, d'un voisin, etc.

Relativement à la vacation du notaire qui dépose

lui-même ses actes au bureau des hypothèques, elle est fort minime, en ce sens qu'il ne dépose jamais un seul acte. Les notaires de la campagne ne viennent généralement au bureau des hypothèques que deux ou trois fois par mois, et ne déposent pas moins d'une dizaine d'actes en moyenne à la fois, ce qui fait environ 1 franc à ajouter au coût de la transcription, attendu que la vacation (quand elle est due) doit se diviser par le nombre d'actes déposés.

Nous avons encore supposé dans nos deux exemples que le prix de la vente était payé comptant, attendu que, sur 1,200 ventes que nous transcrivons par année, presque toutes celles de 20 fr. à 1,000 francs sont payées comptant.

Nous venons de démontrer, par des chiffres, qu'on avait parlé des frais de la transcription avant d'avoir étudié la question de ces frais; ajoutons que le chiffre de 12 francs, qui a été lancé à la chambre pour effrayer les membres (*Moniteur de* 1855, *numéro du 19 janvier*), n'est exact que quand les ventes sont *importantes* et que l'expédition à transcrire contient *dix* rôles de notaire.

EXEMPLE.

Expédition en 10 rôles d'une vente dont le prix n'est pas payé comptant :

Droit au profit du Trésor.		1 »»
Décime		» 10

Timbre
- du registre de dépôt. . . . .» 06
- du bulletin de dépôt. . . . .» 35
- du registre d'inscription. . .» 43
- du registre de transcription. 5 »»

} 5 84

(Dix rôles de notaires emploient 350 lignes du registre de transcription.)

Salaires du Conservateur.
- Dépôt. . . . .» 25
- Transcription. 3 50
- Inscription d'office. . . . .1 »»

} 4 75

Total général. 11 69

Terminons ce chapitre en disant :

Toutes les ventes et les échanges sous seings privés, quelle que soit l'importance du contrat, ne coûtent jamais plus de 3 francs à transcrire lorsque le prix est payé comptant, et jamais plus de 4 francs lorsque le prix n'est pas payé comptant, à cause de l'inscription de privilége du vendeur que le conservateur est tenu de prendre.

La plus grande partie des ventes notariées ne coûtent pas plus de 5 francs à transcrire, et le coût de la transcription ne s'élève à 12 francs que quand l'acte contient dix rôles, ce qui suppose *une vente importante*.

Il était utile, suivant nous, de donner les détails et les chiffres ci-dessus, afin de mettre les habitants des campagnes à même d'apprécier une exagération qui les empêchait de remplir une formalité indispensable aujourd'hui.

N° 220.

Un acte sous seings privés, non enregistré, peut-il être transcrit?

Non; le conservateur doit le refuser, parce que les droits de transcription s'acquittent à l'enregistrement en même temps que les droits d'enregistrement, et qu'un acte ne peut être transcrit que quand les droits sont payes.

N° 221.

Nous avons vu jusqu'alors que la transcription intéresse plus particulièrement l'acquéreur; le vendeur n'a-t-il pas également grand intérêt à ce que la vente qu'il a faite soit transcrite?

Nous avons déjà traité cette question au chapitre du *privilége du vendeur*; rappelons ici que la transcription intéresse beaucoup le vendeur; en effet, lorsque cette formalité n'a pas eu lieu, il est obligé de prendre, pour sûreté du prix, une inscription qui le constitue en avances de frais; il répond des nullités que contiendraient les bordereaux et acquitte un droit *proportionnel*; tandis que, quand l'acte est soumis à la transcription, l'inscription de privilége du vendeur est faite d'office par le conservateur, qui demeure garant des vices et donne la formalité sans faire payer *aucun droit proportionnel.*

Le vendeur a encore des motifs plus puissants pour exiger la transcription de la vente, quand tout ou partie du prix lui reste dû; en effet, si son acquéreur vient à *faillir* et que l'ouverture de la faillite remonte à une époque antérieure à l'accomplissement des formalités, il se trouve alors primé par d'autres créanciers qui absorbent la valeur des biens, et il perd son privilége.

N° 222.

Le notaire est-il tenu à faire lui-même transcrire les actes qu'il reçoit?

Ceci est contestable; la jurisprudence n'est pas bien fixée à cet égard. Nous pensons que le notaire doit remplir toutes les formalités nécessaires pour que son acte soit parfait, et qu'il peut être rendu responsable, lorsqu'il ne fait pas transcrire et lorsqu'il s'expose à la dépossession de l'acquéreur ou à lui faire payer deux fois le prix de son acquisition.

Les notaires ont intérêt à ne pas être de cet avis, et cherchent tous les moyens de s'affranchir d'une responsabilité compromettante.

L'un d'eux, Me T. R., dans une brochure qui n'a été malheureusement répandue que dans Maine-et-Loire, a parfaitement élucidé cette question. Comme on le verra, nous ne partageons pas son opinion sur tous les points; mais nous croyons devoir reproduire ici la page de son petit livre qui traite de la *responsabilité des notaires*, afin que les vendeurs et acquéreurs sachent bien où doit s'arrêter la responsabilité des notaires et le point de départ de la leur.

Responsabilité des Notaires.

« Ainsi que l'a dit le *Moniteur* après la publication de la loi, les notaires ne sont tenus à surveiller les formalités hypothécaires qu'autant qu'ils en ont reçu et accepté le mandat.

« Cette note du Gouvernement est conforme à deux arrêts de la Cour de cassation, des 4 juillet 1847 et 14 février 1855. Déjà, par trois arrêts bien motivés, des 23 août 1841, 18 juillet 1845 et 14 mars 1855, la Cour de Lyon avait jugé que le notaire n'encourt de responsabilité que pour les circonstances intrinsèques à l'acte par lui retenu, et que s'il est de son devoir d'éclairer les parties sur la validité des conventions dont elles requièrent la constatation, il ne peut être responsable pour avoir failli à cette obligation *purement morale.*

« L'article 1er de la loi du 25 ventôse an XI n'impose d'autre devoir au notaire que d'authentiquer les conventions des parties qui requièrent son ministère. Prétendre placer sous sa responsabilité la surveillance des formalités extérieures de ses actes, sous le prétexte d'un prétendu mandat qui s'y trouverait implicitement, serait admettre que le notaire peut stipuler en son nom dans les actes qu'il reçoit ; ce qui est absolument contraire à la loi organique de son institution et à l'ordonnance du 4 janvier 1843, qui défend aux notaires, de la façon la plus expresse, de s'intéresser, à quelque titre que ce soit, dans les affaires pour lesquelles ils prêtent leur ministère.

« Tels sont les principes qu'un savant magistrat, M. P. Pont, a commentés et développés avec énergie dans la *Revue critique de Législation et de Jurisprudence* (tome VII, page 35). Comme lui, M. Troplong (n° 138) limite la mission du notaire à la réception des actes authentiques qu'il garde et expédie.

« D'un autre côté si, en dehors de ses actes, le notaire accepte le mandat spécial de pourvoir aux formalités destinées à en assurer l'exécution, telles que la transcription du contrat ou l'inscription de l'hypo-

thèque, et que ce mandat puisse être prouvé, conformément au droit commun, il devient responsable
comme tout mandataire; mais remarquons-le bien,
non pas comme notaire, quoi qu'en ait dit un arrêt
de la Cour de Paris, du 13 juin 1854. En ce cas, encore la preuve du mandat doit être plus formelle qu'à
l'égard de toute autre personne. S'il n'y avait ni aveu
ni preuve écrite, l'existence du mandat ne saurait être
admise. Telle est l'opinion de MM. Troplong, —
P. Pont, — Ad. Bournes, — Ducruet, — Rivière et
Huguet, — Grosse, etc.

« Suivant ces mêmes auteurs, les notaires feront
donc sagement de s'abstenir de tout ce qui pourrait
avoir l'apparence d'un mandat pour l'accomplissement des formalités prescrites par la loi du 23 mars
et de prévenir les parties des obligations que leur
impose cette loi.

« Le législateur de 1855 a voulu, lui aussi, que
le ministère du notaire ne s'étendît pas au delà de
ses actes; car, nulle part, il ne l'a nommé, tandis
qu'il a chargé les avoués de certains détails, et les
a soumis à une peine s'ils les négligeaient. *Qui dicit
de uno, de altero negat.*

« Comme moyen de mettre leur responsabilité
hors de toute discussion, les notaires pourraient, en
énonçant dans leurs actes les formalités hypothécaires qui en sont la conséquence, ajouter que les
parties se sont réservé de les remplir. Le *Journal*

des Notaires, art. 15631, conseille à peu près la même chose.

« Néanmoins, et par le sentiment des devoirs que lui impose la confiance de ses clients pour tout ce qui concerne leurs intérêts, le notaire qui retient un acte assujetti à la transcription doit faire bien comprendre aux parties que cette formalité est indispensable, l'assimiler en quelque sorte à celle de l'enregistrement, dont il est personnellement responsable, et faire transcrire son acte dans le plus bref délai. En agissant ainsi, il facilite les affaires en général, puisqu'il concourt à leur régularisation, et obéit à sa conscience, qui lui commande impérieusement de venir au secours de l'inexpérience, en faisant pour autrui ce qu'il voudrait qui fût fait pour lui dans un cas analogue. »

(T. R., notaire à G.)

Cet article est parfaitement traité ; mais on voit qu'il est fait dans l'intérêt seul des notaires.

Notre mission étant d'éclairer, non les notaires, qui tous en savent plus que nous, mais les gens qui ne *savent pas*, ceux qui vendent et achètent des immeubles, ou ceux qui ont des formalités hypothécaires à remplir ou à surveiller, nous leur disons :

Ne souffrez jamais que le notaire, dans une vente, énonce que les formalités hypothécaires seront remplies par les parties elles-mêmes, parce que cette clause est entièrement contraire à leurs intérêts. En effet, elle les oblige à veiller elles-mêmes à l'accomplissement des formalités ; elle les force à des soins et à des démarches, et peut leur occasionner mille embarras.

Nous ne comprenons pas qu'un acquéreur et un vendeur, ou des échangistes, acceptent qu'un notaire introduise dans son acte une clause qui leur est si contraire, à savoir qu'ils feront eux-mêmes la transcription et la purge, et qu'ils déchargent le notaire de toute responsabilité à cet égard.

C'est pourtant une condition que tous les notaires des campagnes et même des villes mettent dans leurs actes, conditions dont les parties ignorent certainement la conséquence, parce qu'elles ne savent pas que la négligence d'un notaire, d'un clerc de notaire, peut les exposer à être dépossédés ou à payer deux fois. Ces acquéreurs, vendeurs et échangistes ont grand tort de laisser passer une clause pareille, puisqu'elle les dépouille d'un recours contre un notaire qui, par négligence, les aurait exposés à être victimes d'un oubli.

Concluons donc que, si les notaires ont intérêt à se faire dispenser de remplir les formalités hypothécaires, les parties ont, elles, grand intérêt à ne pas leur accorder cette dispense.

N° 223.

Peut-on demander à un conservateur de ne transcrire qu'une partie d'un acte?

L'article 2181 du Code Napoléon oblige le conservateur des hypothèques à transcrire en entier les actes qui lui sont soumis. Ce fonctionnaire n'est pas juge du mérite des actes et engagerait bénévolement sa responsabilité, s'il faisait une analyse ou s'il retranchait ce qui ne lui semblerait pas utile.

N° 224.

Un adjudicataire peut-il faire transcrire partiellement une expédition de son titre?

Lorsque, dans une adjudication en détail, soit judiciaire, soit devant notaire, il n'y a point solidarité entre les acquéreurs, chacun de ceux-ci peut, en son nom particulier, soumettre l'expédition de son titre à la transcription, pourvu, toutefois, que cette expédition contienne en entier toutes les énonciations relatives aux biens acquis et, notamment, toutes les charges, clauses et conditions de l'adjudication.

N° 225.

Les échangistes peuvent-ils, comme les adjudicataires dont nous venons de parler au n° précédent, ne requérir la transcription que pour la partie de l'acte qui les concerne?

Nous ne le pensons pas ; nous croyons, avec M. Troplong, que l'acte d'échange est indivisible, et que, s'il y a aliénation de deux immeubles, l'aliénation de l'un est le prix de l'autre.

M. Hervieu prétend que chaque échangiste, pour purger les immeubles reçus en échange, n'est tenu que de requérir la transcription du titre qui lui est personnel. Qu'il nous permette de ne pas partager son avis et de penser qu'il est utile que la transcription reproduise fidèlement la totalité de l'acte d'échange.

Au surplus, comment le conservateur pourrait-il faire? il serait donc tenu à analyser l'acte pour en extraire tout ce qui serait relatif à l'échangiste qui lui demanderait de ne transcrire que pour son immeuble ; mais, en agissant ainsi, il ne se conformerait pas à l'article 2181 du Code Napoléon, qui l'oblige à transcrire les actes en entier.

Nous pensons qu'un acte d'échange doit être présenté et transcrit en entier.

Inconvénients des actes sous seings privés.

N° 225 (bis).

Quels sont les inconvénients des actes sous seings privés ?

Nous avons déjà indiqué, au n° 14 *bis* ci-devant, quelques inconvénients touchant les actes sous seings privés, relativement à la conservation du privilége du vendeur.

Nous pensons qu'il n'est pas sans utilité de compléter la nomenclature des dangers nombreux que présentent les actes sous seings privés pour les acquéreurs de biens immeubles.

En général, l'usage des actes sous signatures privées peut offrir de nombreux dangers. C'est le plus souvent la source de procès, soit entre les parties, soit avec l'administration de l'enregistrement ; aussi arrive-t-il que les acquéreurs qui en sont victimes payent fort cher l'économie mal entendue qu'ils ont voulu faire des honoraires du notaire.

En effet, les rédacteurs ordinaires des actes sous seings privés sont les instituteurs, entièrement étran-gers à l'étude des lois, ou des particuliers qui pos-sèdent un Code civil, le consultent chaque jour, n'ont pas l'intelligence de comprendre le sens de ses dis-positions et les interprètent à leur manière, c'est-à-dire fort mal. Ces gens, que vulgairement on appelle *avocats de village*, ignorent tous complétement les formalités essentielles pour l'efficacité des actes et leur exécution.

Il arrive alors fréquemment que les actes qu'ils rédigent sont nuls pour défaut de forme, ou tout au moins que les conventions des parties ne sont pas exprimées telles qu'elles les ont entendues. Ces actes contiennent très-souvent des interlignes, des ratures, des surcharges non approuvées et même des sommes et des prix portés en chiffres. Or comme, pour économiser le coût d'une feuille de timbre, on ne rédige souvent qu'un seul original, le détenteur de cette pièce, étant de mauvaise foi, peut impunément l'altérer et en changer les véritables dispositions.

Ces fameux rédacteurs de sous seings privés n'exécutent aucune prescription de la loi; aussi il n'est pas rare de rencontrer des donations et partages anticipés faits en la forme privée.

Ce qui détermine le plus ordinairement à adopter la forme des actes privés, c'est l'espoir d'économiser les droits d'enregistrement. Souvent, très-souvent même, on obtient ce résultat. Les nombreux sous seings privés portant vente d'immeubles renferment toujours des dissimulations de prix, et l'administration de l'enregistrement, en présence de sommes minimes, recule devant les formalités et le peu de résultat qu'aurait pour elle la provocation d'une expertise.

Mais l'impunité rend audacieux, et lorsqu'il s'agit d'immeubles d'une certaine valeur, on dissimule dans la même proportion, et alors le receveur de l'enregistrement ouvre les yeux, provoque une expertise, ou, le plus souvent, obtient des soumissions des acquéreurs, qui se trouvent obligés de payer le double droit.

Les actes sous seings privés ne font point foi en justice ; ils ne peuvent seuls et par eux-mêmes faire preuve des conventions qu'ils renferment; ce n'est qu'une simple apparence de preuve ; l'écriture et la signature peuvent être désavouées, et il faut alors avoir recours à une vérification d'écriture qui présente toujours des dangers. C'est ce qui arrive lorsqu'un héritier ou légataire, même de bonne foi, est sommé de reconnaître la signature de son auteur, signature dont il n'a aucune connaissance ou dont il n'a qu'une connaissance imparfaite.

A tous ces inconvénients, à ces dangers, vient encore se joindre la facilité de perdre des actes qui ne laissent après eux aucune trace s'ils n'ont point été enregistrés, et que la mauvaise foi a intérêt à faire disparaître.

Les actes sous seings privés les plus nombreux sont ceux emportant vente d'immeubles.

L'inexpérience et l'incurie des rédacteurs de sous seings privés peuvent porter le plus grand préjudice aux parties.

Sur cent actes sous seings privés portant vente d'immeubles propres aux maris ou dépendant d'une communauté, quatre-vingt-dix-neuf sont signés par le mari seul sans le concours de sa femme. Cette dernière ou ses héritiers peuvent donc, pendant trente ans, exercer les droits d'hypothèque légale sur les biens vendus. Dans les ventes sous seings privés, il n'est jamais fait de déclarations d'état civil pouvant mettre les acquéreurs à même de faire remplir les formalités de purge légale, ce qui est une grande imprudence.

La partie essentielle d'un contrat de vente et qui exige non-seulement la connaissance entière du droit, mais encore l'expérience d'une longue pratique, *c'est l'établissement de propriété*, établissement qui n'est jamais fait dans les actes sous seings privés. Les rédacteurs des actes sous seings privés ne pourront jamais bien établir la propriété, parce qu'il faut avoir travaillé pendant plusieurs années dans une étude de notaire pour pouvoir rédiger convenablement un établissement de propriété.

L'établissement de propriété est la partie la plus essentielle de l'acte ; il a pour objet :

1° De constater les droits du propriétaire sur l'immeuble ou sur les immeubles vendus, ainsi que ceux de ses auteurs, et la régularité des transmissions antérieures. C'est donc avec le plus grand soin qu'il faut examiner les titres, se rendre compte de la nature des actes constatant les droits de propriété et des vices dont ils peuvent être entachés;

2° De s'assurer, par les preuves de la libération, que l'immeuble n'est soumis à aucune action résolutoire ;

3° De faire connaître que les biens sont ou non grevés d'hypothèques légales sur les précédents propriétaires;

4° Et enfin de rendre efficace la formalité de la transcription.

Cette formalité produisant, entre autres effets, celui de faire connaître à l'acquéreur la dépossession de son vendeur ou de ses auteurs par des transcriptions antérieures et les charges pouvant grever les biens acquis, tant du chef du vendeur que des précédents propriétaires, il est clair que si le contrat ne contient pas l'énonciation des mutations successives opérées, les états de transcription et d'inscription que le conservateur pourra délivrer seront incomplets, et que l'acquéreur, parfaitement tranquille lorsqu'il aura en main des certificats négatifs, pourra plus tard être troublé par des précédents propriétaires ayant droit d'exercer une action résolutoire, ou par des créanciers de ces précédents propriétaires ayant inscription sur les biens vendus.

A l'égard des hypothèques légales que le défaut d'établissement de propriété ou un établissement de propriété incomplet n'aura pas révélées à l'acquéreur,

il arrivera ce qui vient d'arriver à bon nombre de
tiers détenteurs de l'arrondissement de Sainte-Méne-
hould, c'est d'être forcé à payer une seconde et même
plusieurs fois le prix de l'acquisition, après une possession de vingt à vingt-cinq ans, ou de délaisser les
immeubles acquis.

On ne saurait donc prendre trop de précautions
pour faire, dans une vente, l'établissement de propriété ; c'est, comme je l'ai dit, la partie fondamen-
tale du contrat de vente, et il faut être réellement
expérimenté en affaire pour établir l'origine de manière à donner toute sécurité à l'acquéreur. Or,
comme cette expérience manque aux faiseurs de sous
seings privés, les acquéreurs doivent toujours s'a-
dresser à un notaire pour la rédaction des actes.

Les inconvénients ci-dessus ne sont pas les seuls ;
il en est d'autres qui, sans produire les résultats dés-
astreux signalés plus haut, sont susceptibles de causer préjudice aux détenteurs d'immeubles en vertu
d'actes sous seings privés.

Si, en effet, ces détenteurs se trouvent dans la nécessité d'emprunter, soit du Crédit foncier, soit de
particuliers étrangers à la localité, et de conférer
hypothèque sur leurs biens, les prêteurs ou les notaires auxquels ils pourront s'adresser pour obtenir
cet emprunt, ne connaissant pas les signatures apposées sur les titres sous seings privés produits par les
emprunteurs, prendront des mesures pour assurer

leurs placements ou mettre à couvert leur responsabilité.

Ces mesures consisteront nécessairement dans le dépôt, en l'étude d'un notaire, des actes sous seings privés, avec reconnaissance d'écriture par les signataires de ces actes. C'est alors qu'indépendamment des frais de ce dépôt dus au notaire, qui seront même plus élevés que ceux qu'on aurait dû payer dans l'origine si les actes avaient été reçus par le notaire, on éprouvera des lenteurs, des difficultés et quelquefois des impossibilités pour arriver à la reconnaissance d'écriture.

Il en sera de même lorsqu'il s'agira de vendre les biens acquis par acte sous seings privés, si l'acquéreur exige, dans son contrat d'acquisition, toute la régularité qu'il est en droit de demander.

Terminons en disant que les acquéreurs ont le plus grand intérêt à ne pas faire d'actes sous seings privés, parce que ces actes peuvent produire une foule de désordres, de méprises et d'erreurs, et qu'ils peuvent devenir la source de procès et de difficultés qu'il est facile d'éviter en demandant aux notaires le concours de leurs lumières et de leur expérience.

N° 226.

Lorsqu'on a acheté un immeuble d'une personne qui, elle-même, n'avait pas fait transcrire son titre d'acquisition, est-on en règle avec la loi si l'on se contente de

faire revêtir de la transcription le titre dont on est por-
teur, ou bien n'a-t-on satisfait à ses dispositions que
par la transcription de tous les contrats antérieurs qui
ne sont pas transcrits?

La loi aurait dû trancher cette question et ne pas laisser le public dans une incertitude regrettable.

Lors de la discussion de la loi du 23 mars 1855, on a consulté M. de Belleyme, rapporteur, qui s'est borné à répondre que la question partageait les cours impériales et que la loi n'avait pas mission de la résoudre.

M. Rouher, vice-président du conseil d'État, a également renvoyé aux tribunaux cette question importante, qui est alors tombée dans le domaine des commentateurs, qui, bien entendu, ne sont pas tous du même avis.

M. Troplong établit une distinction : ou la transcription contient l'établissement antérieur de la propriété, ou elle ne la contient pas. Dans la première hypothèse, la transcription du dernier contrat suffirait, d'après le savant jurisconsulte ; dans la dernière, elle ne suffirait pas. ·

Elle suffirait dans la première hypothèse, suivant lui, parce que, au moyen de la transcription du dernier contrat, qui relaterait les mutations antérieures, c'est-à-dire l'établissement de propriété, les tiers intéressés peuvent suivre la filière des mutations, consulter l'état de la propriété et voir ce qui s'est passé.

Tandis que, dans la seconde hypothèse, ils ne le peuvent pas, faute d'établissement de propriété.

M. Grosse ne partage pas cet avis et prétend que, dans l'un et l'autre cas, la transcription des contrats antérieurs est nécessaire.

Pour démontrer que M. Grosse a raison, suivant nous, donnons un exemple :

Pierre vend une maison à Paul, qui ne fait pas transcrire ; Paul vend cette maison à Jacques, qui fait transcrire. La transcription de la vente de Paul à Jacques suffit-elle vis-à-vis de François, qui vient de prêter 1,000 francs à Pierre, lequel a hypothéqué, à la garantie de cette somme, la généralité de ses biens ? En d'autres termes, François, créancier de Pierre, pourrait-il poursuivre le recouvrement de son capital de 1,000 fr., sur le tiers détenteur de la maison, c'est-à-dire sur Jacques ?

La transcription de la vente de Paul à Jacques ne suffit pas vis-à-vis de François, parce que, quand bien même on pourrait voir dans l'établissement de propriété de cette vente transcrite, que Paul avait acheté primitivement de Pierre, ce n'est là qu'une énonciation d'une mutation précédente, qui n'a que la valeur d'un simple renseignement fourni à l'acquéreur, afin de lui faire connaître les sources où se trouvent les actes justificatifs de transmission, renseignements que les conservateurs n'ont aucun moyen de donner aux tiers.

En effet, dit M. Grosse, qui a parfaitement traité la question, il existe au bureau des hypothèques trois registres :

Le premier contient les transcriptions ; le deuxième, les inscriptions ; le troisième, les comptes courants.

Le dernier registre est le résumé des deux autres. Aussitôt que ceux-ci révèlent, soit une inscription, soit une transcription, le conservateur porte au compte courant du débiteur les inscriptions, et au compte courant du vendeur et de l'acquéreur les transcriptions.

Dans notre espèce, le compte de Pierre contient la mention de la transcription de l'acquisition de la maison faite par lui, mais ne fait pas connaître la vente faite à Paul, puisqu'elle n'est pas transcrite, et que le conservateur ne doit porter aux comptes que les transcriptions.

Qu'a fait François avant de prêter ses 1.000 francs à Pierre ? Il s'est mis en règle ; il a demandé au conservateur si ce dernier avait déjà aliéné sa maison ; si, à son nom, une mutation était indiquée sur ses registres. Le conservateur, qui n'a pas eu à transcrire la vente faite par Pierre à Paul, n'a fait aucune mention au compte de Pierre.

François a dû considérer Pierre comme étant encore propriétaire de sa maison, puisque le conservateur a délivré un certificat négatif de transcription. Il y était fondé, car rien ne pouvait révéler la mutation à ce fonctionnaire.

L'erreur de M. Troplong, c'est d'avoir supposé que le conservateur portait aux comptes courants les mutations indiquées dans la généalogie, c'est-à-dire dans l'établissement de la propriété trouvée aux contrats.

Pour le conservateur, cette généalogie ne présente aucun caractère de certitude, car les faits énoncés sont plus ou moins complets et ne reposent souvent que sur des déclarations.

Concluons donc en disant qu'un acquéreur a le plus grand intérêt à faire transcrire tous les contrats antérieurs, puisqu'il peut être dépossédé par une revente ou poursuivi comme tiers détentier.

N° 226 (bis).

Les testaments portant des legs en immeubles doivent-ils être transcrits ?

Non ; les testaments portant des legs d'immeubles ne sont pas sujets à la transcription, parce que le testateur mort, ses dispositions sont réputées connues des tiers. Tout le monde est censé savoir que telle propriété, qui appartenait au défunt, est tombée dans le domaine du légataire.

La loi nouvelle, en ne prescrivant que la transcription des actes entre-vifs et en mettant de côté les testaments qui contiennent des legs d'immeubles, a laissé une lacune regrettable et une porte à la fraude. En effet, un héritier direct, déshérité par un testament qui n'est pas connu des tiers, peut vendre et hypothéquer les biens qu'il est censé avoir recueillis dans la succession du défunt. Il en résulte que l'acquéreur et le créancier seront dépouillés et perdront leurs droits par la production d'un testament qu'ils ne connaissaient pas et qu'ils n'avaient aucun moyen de connaître.

Transcription des donations.

N° 227.

Les donations doivent-elles être transcrites?

Certainement, et cette obligation n'est pas nouvelle. A cause du danger que présentent les donations, on les a depuis longtemps entourées d'une publicité protectrice, et le Code Napoléon a ordonné la transcription des donations d'immeubles.

L'article 939 du Code Napoléon porte : « Lorsqu'il « y aura donation de biens susceptibles d'hypothè- « ques, la transcription des actes contenant la dona- « tion et l'acceptation, ainsi que la notification de « l'acceptation qui aurait eu lieu par acte séparé, de- « vra être faite au bureau des hypothèques dans l'ar- « rondissement duquel les biens sont situés. »

Suivant l'article 941 du Code Napoléon, les donations ne peuvent être opposées aux tiers qu'autant qu'elles ont été transcrites à l'égard de ceux-ci; la transcription des donations est, comme autrefois l'insinuation, une formalité particulière aux donations entre-vifs, entièrement indépendante de la législation hypothécaire. La transcription, dans ce cas, opère la transmission réelle de la propriété à l'égard des tiers.

La législation de 1855 a voulu confirmer ce qui était déjà organisé, et dans l'article 11 de la loi, elle a exprimé que, pour les donations, le Code Napoléon continuerait à recevoir son exécution.

N° 228.

Les contrats de mariage doivent-ils être transcrits?

Oui, toutes les fois qu'ils contiennent des donations *actuelles* d'immeubles, soit aux futurs, soit par les futurs entre eux.

N° 229.

Toute donation contractuelle ou éventuelle, soit par contrat de mariage, soit par acte séparé, doit-elle être transcrite?

Non, attendu qu'il n'y a pas une transmission de

propriété et qu'il n'y a qu'une simple expectative d'une chose éventuelle.

N° 230.

Une donation faite à plusieurs personnes d'immeubles différents, contenant partage entre eux, peut-elle être transcrite partiellement pour chaque donataire?

Oui, pourvu que l'expédition présentée renferme toutes les clauses et charges de la donation.

N° 231.

La transcription d'une donation est-elle dispendieuse?

Les donations en ligne directe faites à un seul enfant,

Les donations en ligne directe faites à quelques-uns des enfants,

Les donations en ligne collatérale,

Les donations entre époux

Et les donations entre étrangers,

Ne coûtent pas plus que les ventes à transcrire, parce que le droit a été perçu au moment de l'enregistrement. Il n'est plus dû à la transcription que le droit fixe de 1 franc au profit du Trésor; plus le droit de timbre, suivant la longueur de l'acte.

En général, le coût de la transcription d'une donation ou d'un contrat de mariage qui contient huit ou dix rôles de notaire, ne s'élève jamais à plus de 6 ou 8 francs.

Mais les donations à titre de partage anticipé, faites conformément aux articles 1075 et 1076 du Code Napoléon, par des père et mère à leurs enfants, coûtent fort cher.

En effet, il est dû un droit proportionnel de 1 franc 50 centimes pour 100 sur le capital du revenu des biens donnés, sans compter les droits de timbre et les salaires du conservateur.

M. Duclos, membre du Corps législatif, a parlé avec force contre un droit aussi élevé (*Moniteur* de 1855, numéro du 19 janvier); il avait raison, car les partages anticipés ne se transcrivent presque j amais. Si le Gouvernement réduisait ce droit, il n'y perdrait certainement pas, puisque les parties voudraient se mettre en règle au moyen d'une faible somme.

Les motifs qui, en 1824, ont déterminé le Gouvernement à ne pas percevoir à l'enregistrement le droit de transcription sur les partages anticipés, puisaient leur source dans le désir d'arriver à une plus grande division du sol. Mais, aujourd'hui, que les mêmes motifs n'existent plus, pourquoi ne pas percevoir le droit de transcription avec celui d'enregistrement, comme sur tous les autres actes translatifs de propriété? Cela n'empêcherait pas de faire des partages anticipés, et les donataires profiteraient à peu de frais des avantages de la transcription.

Ce qui les indispose contre cette formalité, c'est qu'après avoir déjà payé les droits d'enregistrement, ils sont tenus d'acquitter, après, ceux de transcription. Puiser deux fois à la même bourse est plus difficile que de prendre la même somme en une fois, parce que, le sacrifice fait, on n'y pense plus.

Nous croyons donc que, tant que le Gouvernement n'aura pas modifié la loi de 1824 en percevant le droit de transcription en même temps que celui d'enregistrement, ou réduit le droit de transcription des partages anticipés, ces actes resteront toujours à l'état d'imperfection par la non-transcription.

Le dernier moyen (la réduction du droit), serait, certes, le plus efficace pour empêcher la clandestinité des mutations et pour concourir à la sécurité et au crédit de la propriété foncière.

N° 231 (bis).

Le donateur a-t-il autant d'intérêt à faire transcrire que le donataire?

Le premier conserve-t-il, par la transcription, un privilége sur les biens donnés pour raison des charges imposées au second?

Le donateur n'a aucun intérêt à faire transcrire la donation qu'il a faite. La transcription profite exclusivement au donataire, qui ne devient propriétaire incommutable, aux yeux des tiers, que par l'accomplissement de cette formalité.

Il faut bien remarquer que le donateur n'a pas, comme le vendeur, un privilége à conserver pour sûreté des charges de la donation.

Pour se convaincre que le donateur n'a pas de privilége sur les biens donnés, il faut se reporter au texte de l'article 2103 du Code Napoléon, qui, dans sa nomenclature des privilégiés sur les immeubles, ne parle aucunement du donateur.

On ne peut donc faire ce que la loi n'a pas fait, c'est-à-dire étendre au donateur le privilége que la loi n'accorde qu'aux *vendeurs*, *prêteurs de deniers*, *cohéritiers et architectes*.

Mais si le donateur n'a aucun privilége sur les biens donnés, pour raison des charges qu'il a imposées, il a une action bien plus grande que le privilége : il a l'*action en révocation*.

Cette action en révocation n'est pas sujette, comme l'action résolutoire, à se perdre faute de publicité, et le donateur n'a pas, comme le vendeur, à s'inquiéter si l'acte est transcrit, si ses droits sont conservés par une inscription et si l'inscription périmera ou ne périmera pas.

Peu lui importe que le donataire fasse ou ne

fasse pas transcrire, qu'il vende ou hypothèque les biens donnés, puisque tant que les conditions de sa donation ne sont pas entièrement remplies, il reste propriétaire des immeubles qui en ont fait l'objet.

L'article 954 du Code Napoléon dit :

« Dans le cas de la révocation pour cause d'inexécu-
« tion des conditions, les biens rentreront dans les
« mains du donateur libres de toutes charges et hy-
« pothèques du chef du donataire, et le donateur
« aura, contre les tiers détenteurs des immeubles
« donnés, tous les droits qu'il aurait contre le dona-
« taire lui-même. »

Cet article est bien clair, bien précis, et l'on voit que, si le donateur n'a pas de privilége à conserver, il a, comme nous l'avons dit plus haut, une action bien plus grande, l'action en révocation.

Il y a une circonstance dans laquelle le donateur peut avoir un privilége à la place de l'action en ré-vocation, c'est quand la donation, au lieu de con-tenir des dispositions *gratuites*, contient, au con-traire, des dispositions *onéreuses*. Dans ce dernier cas, elle rentre dans la classe des aliénations ordinai-res, et doit être soumise à toutes les règles qui les concernent.

Il est facile de voir quand la donation est un acte de *bienfaisance* ou un acte *onéreux* : c'est un acte de *bienfaisance*, lorsque la chose donnée excède no-tablement les charges imposées ; c'est un acte *onéreux*,

11.

lorsqu'au contraire, les charges excèdent la valeur des biens donnés.

En général, on considère comme *gratuite* la donation faite à la charge de nourrir et entretenir le donateur et même de lui payer une rente viagère.

Il ne faudrait plus la considérer comme *gratuite* si les charges avaient pour objet de libérer le donateur envers des tiers.

De la Transcription des baux.

N° 232.

Quels sont les baux qui doivent être transcrits?

Nous avons vu, par le paragraphe IV de l'art. 2 de la loi du 23 mars 1855, rapporté page 16 ci-devant, que les baux de plus de dix-huit ans doivent être transcrits.

La dispense de publicité comprend donc le bail de dix-huit ans ; c'est seulement lorsque cette durée est dépassée, que commence l'obligation de transcrire ; car alors la propriété est grevée d'un droit réel, qui se rapproche de l'usufruit ; il y a une gêne, une charge, que l'acquéreur doit connaître, pour n'être pas trompé ; il faut qu'un créancier qui veut prêter son argent connaisse la valeur du gage offert, et que ce gage ne

soit pas déprécié par une charge qui lui aurait été ca-
chée. En effet, si un créancier prête 20,000 francs, à
la sûreté desquels il lui aura été donné hypothèque
sur une ferme évaluée 40,000 francs, ce créancier
aura toute certitude de recevoir son capital, si le bail
n'est pas trop long, parce que, s'il est forcé de faire
vendre la ferme, nul ne se plaindra d'un bail fait
pour un court délai.

Mais si, au moment de la vente, on vient mon-
trer un bail de plus de dix-huit ans, il arrivera que
ce bail nuira à la vente de la ferme, et que le
créancier pourra éprouver une perte, par suite
d'une chose qu'il ne connaissait pas au moment du
prêt.

C'est ce que la loi a voulu éviter en portant à la
connaissance de tout le monde des conventions qu'il
est utile de ne pas ignorer.

Le paragraphe v et dernier de l'article 2 soumet
à la transcription tout acte ou jugement constatant, même pour bail de dix-huit ans et au-dessous,
la quittance ou la cession d'une somme équivalente à trois années de loyer ou fermage non
échus.

Les payements anticipés de loyers ou fermages
sont une source de fraudes ou de surprises; il en est
de même des cessions. Les acheteurs peuvent se trouver privés de revenus sur lesquels ils avaient compté;
les créanciers peuvent se voir frustrés des fruits de

leurs gages; il faut donc, dans un bon système de crédit foncier, que ces payements et ces cessions ne puissent avoir d'effet, à l'égard des tiers, que lorsqu'ils sont révélés par la transcription. Au dessous de trois ans, la loi ne s'inquiète pas des payements anticipés et des cessions.

Elle considère qu'ils peuvent rentrer dans le cercle d'une bonne administration, et elle les laisse sous l'empire du droit commun ; mais quand la quittance et la cession sont d'une somme équivalente à trois années, la chose acquiert l'importance d'un démembrement de la propriété. La transcription est donc nécessaire, quelle que soit la durée du bail; faute de l'avoir opérée, les payements et les cessions sont sans effet à l'égard des tiers.

(TROPLONG.)

PURGE DES HYPOTHÈQUES.

***

Purge des hypothèques ordinaires.

Nous avons dit , au n° 206 ci-devant, que la transcription n'était qu'une première formalité pour arriver à la purge.

N° 233.

Qu'est-ce que la purge des hypothèques ?

C'est une suite de formalités faites pour arriver à affranchir les immeubles des priviléges et hypothèques qui peuvent les grever. En d'autres termes, c'est d'anéantir toutes les inscriptions qui peuvent avoir été prises sur eux.

La transcription ne purge pas ; elle arrête subitement les inscriptions qui se présentent. Aussitôt cette formalité, les inscriptions qui viennent sont sans aucune espèce de valeur.

Un acquéreur et un échangiste ne doivent jamais

payer le prix de la vente et la soulte de l'échange qu'après avoir purgé, c'est-à-dire, anéanti toutes les hypothèques frappant sur les immeubles vendus ou échangés.

N° 234.

La purge est-elle obligatoire?

La purge n'est pas obligatoire ; elle est toute dans l'intérêt du tiers détenteur ; il a la faculté de la faire ou de la négliger.

N° 235.

La purge est-elle utile?

Oui, parce que, sans elle, l'acquéreur peut être contraint à payer deux fois son prix ou à être dépossédé. Il n'est véritablement propriétaire définitif que quand les délais de la surenchère sont expirés. En effet, le vendeur, en transmettant à l'acquéreur ses droits sur la chose vendue, la lui communique avec les charges et hypothèques qui peuvent la grever.

Nous avons vu, au n° 3 ci-devant, que l'hypothèque suit les biens dans quelques mains qu'ils passent. Il en résulte que le nouveau propriétaire peut être sommé de délaisser ou de payer, conformément aux articles 2167 et suivants du Code Napoléon ; et, trente jours après cette sommation et le commandement fait au débiteur originaire, tout créancier a le droit de faire saisir, sur lui, l'immeuble qu'il vient d'acheter. Telle est la première situation dans laquelle l'acquéreur se trouve placé.

Ou bien, s'il n'est pas poursuivi, il peut vouloir dégager sa propriété et prévenir des poursuites.

N° 236.

Quels sont alors les formalités à remplir par l'acquéreur?

Le nouveau possesseur qui veut se garantir des poursuites et dégager sa propriété est tenu, aussitôt la transcription de son contrat ou dans le mois, au plus tard, de la sommation qui lui est faite, de notifier aux créanciers inscrits, aux domiciles par eux élus dans leurs inscriptions :

1° L'extrait de son titre avec la mention de la transcription ;

2° Et un tableau indiquant le nom des créanciers et les dates de leurs inscriptions (1).

Pour faire cette notification, il faut demander au conservateur des hypothèques l'état des inscriptions jusqu'au jour de la transcription, tant sur les vendeurs que sur les précédents propriétaires dénommés au contrat.

______

(1) Nous ne donnons pas ici plus de détails, parce que la purge doit être faite par le ministère des avoués, qui en savent plus que nous à ce sujet.

Quand les créanciers n'ont pas répondu à cette notification dans les délais voulus, l'immeuble passe affranchi entre les mains de l'acquéreur. Les droits hypothécaires sont alors reportés sur le prix. L'acquéreur n'a plus à s'occuper que du soin de se libérer, ce qu'il peut faire alors sans danger, en faisant ouvrir l'ordre entre les créanciers inscrits.

Lorsque l'acte est transcrit, il faut ne délivrer le prix que sur le *vu* des certificats négatifs d'*inscription* et de *transcription.*

Le *premier* constate qu'il n'y a aucune charge sur l'immeuble ; le *second* affirme que le bien vendu reposait sur la tête du vendeur au moment de l'aliénation.

Si, au lieu d'avoir un certificat négatif d'inscription, l'état délivré révèle, au contraire, l'existence d'inscriptions, l'acquéreur fait faire les notifications dont nous parlons.

Il est très-essentiel que le contrat d'aliénation renferme une origine de propriété bien établie, en rappelant très-exactement les noms, prénoms, professions et demeures des précédents propriétaires. Ce n'est qu'à cette condition que la purge sera bien faite, puisque notre système hypothécaire ne repose pas sur les immeubles, mais uniquement sur *les noms des parties en cause.* Au n° 225 *bis*, nous nous sommes longuement étendu au sujet de l'établissement de propriété ; nous pensons qu'il n'est pas utile d'y revenir, puisque le lecteur pourra, au besoin, recourir à cet article.

Terminons en disant qu'un acquéreur, non-seulement ferait une légèreté et une imprudence, mais une faute *lourde*, s'il payait son prix avant d'avoir accompli les formalités de la purge.

On vient de parler plus haut d'*états d'inscriptions;* c'est le cas, suivant nous, de faire ici une petite digression et de donner sur les *états* quelques explications qui ne manquent pas d'utilité.

États d'inscriptions.

N° 236 (*bis*).

Que faut-il entendre par état d'inscriptions ?
Combien de sortes d'états?
Quelle différence entre eux?
Comment peut-on les obtenir ?
Qu'est-ce qu'un état des transcriptions?

On appelle état d'inscriptions le relevé que fait le conservateur des hypothèques de toutes les inscriptions qui existent sur un individu ou qui frappent sur un immeuble.

Il y a quatre sortes d'états :

L'état *individuel*,

L'état *partiel*,

L'état *sur immeubles désignés*,

Et l'état *sur transcription*.

On appelle état *individuel* celui qui comprend les charges hypothéca'res qui existent sur un ou plusieurs individus. Il est utile de remarquer que cet état *individuel* ne fait pas connaître les charges qui grèvent les biens par suite d'hypothèques acquises pendant qu'ils se trouvaient dans la main des précédents propriétaires de ces biens.

On appelle état *partiel*, celui qui ne contient que les inscriptions qui existent pendant la période indiquée par le requérant.

L'état sur *immeubles désignés* est celui qui contient les charges hypothécaires dont sont grevés certains immeubles du chef des personnes indiquées dans la réquisition.

L'état *sur transcription* est celui qui contient toutes les charges hypothécaires frappant sur les biens qui font l'objet *du contrat transcrit*, tant du chef des vendeurs que du chef des précédents propriétaires dénommés audit contrat.

Une différence essentielle existe entre ces deux derniers. En effet, l'état *sur immeubles désignés* n'a d'autres limites que la volonté des parties qui peuvent, selon qu'elles le jugent convenable, ne demander les charges de la propriété que sur tel ou tel possesseur ; tandis que l'état *sur transcription*, subordonné *aux conventions transcrites*, s'étend à tous les individus qui ont possédé, à tous les propriétaires anciens et nouveaux qui sont désignés dans le contrat.

Le premier a son point de départ et d'arrêt suivant la volonté de la partie; le second, au contraire, s'arrête le jour de la transcription (1) pour commencer dix ans avant. L'un fait connaître une partie des charges, tandis que l'autre énumère toutes celles qui peuvent exister contre tous ceux qui ont possédé l'immeuble.

Pour avoir un état d'inscriptions, il faut présenter au conservateur des hypothèques une demande *écrite* et *signée*. Les réquisitions doivent faire connaître clairement et avec détail l'objet de la demande des requérants, suivant qu'ils veulent un état *individuel, partiel, sur immeubles désignés* ou *sur transcription.*

Les réquisitions, étant des actes d'ordre intérieur, sont écrites sur papier non timbré. Elles doivent demeurer enliassées au bureau dans l'intérêt des conservateurs, pour sauvegarder leur responsabilité. Ils peuvent, en effet, avoir besoin d'établir, par exemple, qu'une erreur dans un état ne provient que d'une désignation insuffisante de la partie.

(1) On sait que l'art. 6 de la loi du 23 mars 1855 ferme la porte aux inscriptions le jour où la transcription est opérée.

La partie peut avoir besoin, également, de se faire représenter sa réquisition, pour prouver que l'état délivré n'est pas conforme à sa demande.

Les conservateurs doivent déférer à toutes les réquisitions, c'est-à-dire qu'ils doivent limiter leurs recherches suivant les dates, les immeubles et les noms indiqués dans les réquisitions.

Toutes les fois que les réquisitions sont claires, précises et qu'elles renferment toutes les indications nécessaires, les conservateurs des hypothèques ne peuvent refuser d'y satisfaire. Les états *sur transcription* doivent même être délivrés sur quelques-uns des vendeurs ou sur quelques-uns des précédents propriétaires, suivant le désir *écrit* de la partie. La responsabilité du conservateur est à couvert, puisqu'il a entre les mains une réquisition *limitée* qui forme son titre, en ayant soin de constater, en tête et à la fin de l'état, que celui-ci n'est qu'un *état imparfait* et *incomplet*.

Tant pis pour la partie si, au moyen de cet état sur transcription *incomplet*, elle procède à la distribution et à l'ordre de son prix, sans s'assurer s'il n'y a pas d'inscription du chef des autres vendeurs et anciens propriétaires.

Tant pis pour elle si, dans le but d'une économie mal entendue, elle s'expose à payer deux fois ou à être dépossédée par la suite.

Que l'état soit individuel, partiel, sur immeubles

désignés ou sur transcription, il coûte 1 franc par chaque inscription, ou 1 franc par chaque individu sur lequel on certifie qu'il n'y a aucune inscription.

Nous avons vu plus haut qu'il y a quatre sortes d'états; examinons les circonstances dans lesquelles il faut demander plutôt l'un que l'autre.

Ces circonstances varient à l'infini et se présentent sous mille aspects.

L'état *individuel* est demandé lorsqu'on veut connaître la situation hypothécaire d'un individu. Celui qui demande l'état des inscriptions sur un autre est tenu de désigner les nom, prénoms, profession et domicile de celui-ci par une réquisition faite en ces termes :

« Je, soussigné, prie M. le conservateur des hypo-
« thèques à..... de me délivrer l'état des inscriptions
« qui existent, depuis dix ans jusqu'à ce jour, sur
« les registres de son bureau, contre..... »

(Dater et signer.)

Il est essentiel de faire remarquer que cet état ne donnera que les charges qui pèseront sur l'*individu* et non sur *ses immeubles*, puisque avant d'acquérir ces biens, ils ont été la propriété de précédents possesseurs, qui ont pu, avant leur dépossession, consentir des hypothèques dessus.

L'état *partiel* est demandé lorsqu'on possède un

état délivré jusqu'à une époque à terminée ; ainsi, lorsque, par exemple, on a un état délivré à la date du 1er janvier 1861, et que l'on veut connaître les inscriptions survenues depuis cette époque jusqu'au 1er juin suivant, on peut demander un état supplémentaire depuis le 1er janvier 1861 jusqu'au 1er juin suivant. De cette manière, on évite de voir reproduire sur un nouvel état les inscriptions qui figurent sur celui qu'on possède.

Les états *partiels* ne doivent être demandés que lorsqu'il s'agit simplement de compléter, jusqu'à une *certaine* époque, un état *individuel*. Nous verrons, en effet, plus loin, que les états *supplémentaires* ou *partiels* ne doivent jamais être demandés pour arriver à faire une purge.

La demande d'un état *partiel* peut être faite ainsi :

« Je, soussigné, prie M. le conservateur des hypo-
« thèques à..... de me délivrer l'état des inscriptions
« qui existent, depuis le 1er janvier 1861 jusqu'au
« 1er juin 1861, contre..... »

(Dater et signer.)

L'état *sur immeubles désignés* a un peu d'ana-logie avec l'état *sur transcription*, en ce qu'il exprime les charges dont les *immeubles désignés* sont grevés. Il ne doit jamais servir à faire une purge, parce que tont en étant délivré sur les biens *désignés*, le conser-

vateur n'a dû et pu délivrer que les charges qui pèsent contre les individus indiqués dans la réquisition.

Cet état n'offre pas grande garantie, puisqu'on
ignore les charges qui peuvent peser sur l'immeuble
pendant qu'il était entre les mains des précédents
propriétaires.

La réquisition pour avoir un état *sur immeubles
désignés* doit être faite de la manière suivante :

« Je, soussigné, prie M. le conservateur des hy-
« pothèques à .... de me délivrer l'état des inscrip-
« tions qui existent, depuis dix ans, contre (indiquer
« les nom, prénoms, profession et demeure de celui
« qui possède l'immeuble); mais seulement en ce
« que ces inscriptions peuvent frapper sur (désigner
« la nature, la contenance et la situation des im-
« meubles). »

(Dater et signer.)

L'état *sur transcription* est, sans contredit, le plus
important. Il remplit seul le vœu de la loi, en énonçant toutes les charges hypothécaires frappant sur
l'immeuble vendu, tant du chef du vendeur que des
précédents propriétaires.

Tout acquéreur qui paye son prix avant d'avoir
levé, après la transcription de son contrat, un état
sur transcription, commet une *grande imprudence.*

L'état *sur immeubles désignés* ne peut être admis pour faire une purge ; c'est l'état *sur transcription* qui est le *seul* point de départ de cette purge ; c'est lui *seul* qui engage la responsabilité du conservateur vis-à-vis des créanciers dont les inscriptions auraient été omises.

« L'immeuble à l'égard duquel le conservateur « aurait omis, dans son certificat, une ou plusieurs « charges inscrites, en demeure, sauf la responsabi- « lité du conservateur, affranchi dans les mains du « nouveau possesseur, pourvu qu'il ait requis le cer- « tificat depuis la transcription de son titre, sans « préjudice, néanmoins, du droit des créanciers de « se faire colloquer suivant l'ordre qui leur appar- « tient, tant que le prix n'a pas été payé par l'acqué- « reur, ou tant que l'ordre fait entre les créanciers « n'a pas été homologué. » (Code Napoléon, art. 2198.)

Pour que l'état *sur transcription* soit bien fait et que, par suite, la purge soit complète, il est de toute nécessité que le contrat transcrit renferme un établissement de propriété aussi complet que possible, avec les dates exactes de possession et de dépossession de chaque ancien propriétaire ; car, sans l'énonciation de ces dates, des inscriptions nombreuses pourraient être délivrées, quoique ne frappant pas, puisque rien ne ferait connaître au conservateur qu'elle ont été consenties après la dépossession du débiteur.

Si, au n° 225 *bis* ci-devant, nous nous sommes longuement étendu sur l'inconvénient des actes sous seings privés, c'est que les individus qui rédigent ces actes n'ont pas les connaissances nécessaires pour établir la propriété d'une manière intelligente au point de vue de la purge.

Nous avons tout à l'heure indiqué ce qu'on entend par état *partiel* ou *supplémentaire*, et nous avons dit qu'il ne peut être requis que pour compléter un état *individuel*.

Il arrive, cependant, quelquefois que, pour arriver à la purge, on veut faire servir un *ancien* état auquel on ajoute un état *supplémentaire*. Cette manière de procéder est fort dangereuse, puisque l'état supplémentaire ne donnera que des inscriptions survenues depuis la délivrance du premier état, sans faire connaître les mentions de subrogations, de radiations particlles, de changements de domicile, etc., survenus depuis cette délivrance. Qu'arrivera-t il? c'est que des notifications seront faites à des créanciers désintéressés et qui n'ont plus intérêt à produire à l'ordre ou à surenchérir; c'est que ces notifications ne seront pas faites aux créanciers subrogés, et que la purge, alors incomplète, au lieu d'avoir sauvegardé l'intérêt de l'acquéreur, sera pour lui une source de difficultés et de dangers.

Voici la forme adoptée par les notaires de Paris pour la demande d'un état *sur transcriptions* et d'un état *des transcriptions :*

« Déposée au bureau des hypothèques, pour être
« transcrite, l'expédition d'un contrat de vente
« par .... à .... d'une maison à ....,
« sur laquelle formalité le sousigné requiert : *Premiè-*
« *rement*, la délivrance d'un état d'inscriptions, y com-
« pris l'inscription d'office, encore subsistantes, à
« l'exception seulement de celles rayées ou périmées,
« ainsi que des extraits de saisies ou d'énonciations
« grevant l'immeuble ci-dessus, tant du chef des ven-
« deurs que de celui des précédents propriétaires,
« sans exception, dénommés dans l'établissement de
« propriété, et de l'extrait de l'inscription d'office
« pour le vendeur ; *deuxièmement*, la délivrance en ce
« qui concerne l'immeuble vendu : 1° d'un état de
« transcription des actes spécifiés dans les articles 1
« et 2 de la loi du 23 mars 1855, et dans le 3me alinéa
« de l'article 11 de la même loi (aliénations, antichrè-
« ses, servitudes, baux) ; 2° d'un certificat des men-
« tions de résolution, nullité ou rescision de ventes
« dans les termes de l'article 4 de la loi prédatée.

« Pour réquisition, »

(Dater et signer.)

État des transcriptions.

L'article 5 de la loi du 23 mars 1855 dit que le conservateur, lorsqu'il en est requis, délivre, sous sa responsabilité, l'*état spécial* ou *général des transcriptions* est *mentions* opérées sur ses registres.

L'état des transcriptions est *spécial* ou *général*.

Il est *spécial*, lorsqu'un acquéreur ou un créancier veut avoir la certitude que l'immeuble acheté ou donné en garantie était encore entre les mains du vendeur ou de l'emprunteur au moment de l'acte; certitude qu'il acquiert au moyen du certificat délivré par le conservateur, constatant que l'immeuble n'a été l'objet d'aucun acte de dépossession *transcrit*.

Il est *général*, lorsqu'on veut savoir quels sont les biens dont un individu a été dépossédé par des aliénations *transcrites*.

L'état spécial des transcriptions doit être demandé par l'acquéreur avant de payer son prix, car son vendeur a pu tromper sa bonne foi et lui vendre une propriété déjà sortie de ses mains. Le certificat peu coûteux du conservateur évitera à l'acquéreur le désagrément de tomber dans le piége qui lui était tendu.

Cet *état spécial des transcriptions* doit encore être

demandé par les prêteurs de fonds, afin de s'assurer que les immeubles hypothéqués sont toujours possédés par le débiteur.

Nous avons donné plus haut le modèle d'une réquisition d'*état des transcriptions* adopté par la chambre des notaires de Paris, à la suite de l'état des inscriptions.

On voit la différence qui existe entre un état des transcriptions et *un état sur transcription.*

Le *premier* indique que le vendeur était toujours propriétaire de l'immeuble vendu et qu'il y a toute sécurité pour acquérir.

Le *second* indique toutes les charges hypothécaires qui frappent sur les biens vendus et sert à l'acquéreur pour opérer le purgement de ces charges.

N° 237.

Qui doit supporter les frais de purge et d'ordre?

Ces frais sont prélevés sur le prix de la vente; l'acquéreur n'a à payer que les frais seuls de la transcription(1). Du reste, depuis la loi du 21 mai 1858 sur les ordres, ces frais sont réduits; les délais sur-

---

(1) Tous les auteurs ne sont pas de cet avis. MM. Troplong, Bioche et Marcadé, ainsi que la cour de Toulouse, imposent à l'acquéreur l'obligation de payer les frais de notification.

Mais il est facile à l'acquéreur de s'en affranchir, en insérant dans son contrat que tous les frais extraordinaires de transcriptions, de purge et de notifications, seront prélevées sur son prix.

tout pour terminer les ordres sont très-restreints.
Nous savons que, généralement, on a peur de se
mettre entre les mains des avoués, et que bien des
gens reculent devant les frais et les lenteurs occa-
sionnés par une procédure obligée.

Sans doute, cette crainte pouvait être un peu
fondée autrefois, quand les purges et les ordres du-
raient des années entières ; mais, aujourd'hui, le
corps honorable des avoués, en suivant les prescriptions d'une nouvelle loi, imprime aux ordres une
marche régulière et rapide ; l'acquéreur se libère
facilement ; le vendeur n'éprouve qu'un préjudice
très-restreint, résultant de sa position de débiteur,
et les créanciers se procurent, presque sans frais,
un remboursement qu'ils ne pouvaient obtenir que
très-difficilement.

N° 238.

*N'y a-t-il pas un moyen plus simple pour arriver
à rendre un bien libre d'inscription ?*

Sans doute, et c'est ce qui arrive presque toujours.

Quand le contrat est transcrit et que l'acquéreur
a entre les mains l'état du conservateur des hypothèques, il voit combien il y a d'inscriptions ; il en
fait part à son vendeur et l'invite à faire rayer ses
inscriptions.

Ce vendeur, qui a tout intérêt à ne pas voir une
partie de son prix s'en aller en frais de purge, fait

12.

tous ses efforts pour obtenir mainlevée. Aussitôt les radiations faites, l'acquéreur peut payer sans danger.

C'est ce qui se passe dans la pratique, toutes les fois que l'état des inscriptions n'est pas trop compliqué.

N° 239.

L'acquéreur, pour anéantir les inscriptions qui frappent son immeuble, peut donc se passer d'un avoué ?

Certainement ; car, s'il peut obtenir la radiation des inscriptions qui figurent sur l'état du conservateur, en payant les créanciers du consentement du vendeur, il n'a besoin de personne pour cela ; c'est une opération simple et facile, et qui a le mérite de ne rien coûter.

N° 240.

Mais, s'il ne peut obtenir la radiation des inscriptions, s'il éprouve des difficultés, soit de la part du vendeur, soit de celle des créanciers, n'a-t-il pas encore un moyen facile de se libérer sans danger, par la consignation de son prix, sans s'astreindre aux formalités d'un ordre?

Oui ; l'article 777, paragraphe dernier du Code de procédure, modifié par la loi de 1858, ouvre à l'acquéreur une voie facile et prompte pour se libérer do son prix. Après les notifications faites aux créanciers et les délais passés, il n'a qu'une sommation à faire à son vendeur de lui rapporter mainlevée des inscriptions qui existent sur l'état du conservateur, et s'il ne reçoit pas satisfaction, il peut lui-même consigner son prix à la caisse des dépôts et consignations. Une fois cette opération faite, l'acquéreur non-seulement est libéré valablement, mais son immeuble demeure affranchi de toutes les inscriptions qui figuraient sur l'état.

De la purge des hypothèques légales.

N° 241.

La purge des hypothèques ordinaires suffit-elle pour anéantir l'effet des hypothèques légales?

Non; les tiers détenteurs n'ont, pour affranchir les biens, par eux acquis, des hypothèques légales non inscrites, que la faculté de purger ces hypothèques en remplissant les formalités ordonnées par la loi.

En effet, nous avons vu comment il faut procéder pour purger les hypothèques inscrites sur les immeubles ; mais pour les hypothèques légales des femmes, mineurs et interdits, qui sont dispensés d'inscriptions et qui peuvent ne pas avoir été rendues publiques, il est évident qu'elles ne peuvent être atteintes par les moyens que nous avons indiqués pour le purgement des hypothèques inscrites.

N° 242.

Que faut-il faire pour empêcher l'effet des hypothèques légales?

Il faut se conformer aux articles 2193, 2194 et 2195 du Code Napoléon, qui sont ainsi conçus :

« Pourront les acquéreurs d'immeubles apparte-
« nant à des maris ou à des tuteurs, lorsqu'il n'exis-
« tera pas d'inscription sur lesdits immeubles, à
« raison de la gestion du tuteur ou des dots, reprises
« et conventions matrimoniales de la femme, purger
« les hypothèques qui existeraient sur les biens par
« eux acquis.

« Art. 2194. — A cet effet, ils déposeront copie
« dûment collationnée du contrat translatif de pro-
« priété au greffe du tribunal civil du lieu de la si-
« tuation des biens, et ils certifieront, par acte signifié
« tant à la femme ou au subrogé tuteur qu'au procu-
« reur impérial près le tribunal, le dépôt qu'ils au-
« ront fait.

« Extrait de ce contrat, contenant la date, les noms,
« prénoms, professions et domiciles des contractants,
« la désignation de la nature et de la situation des
« biens, le prix et les autres charges de là vente, sera

« et restera affiché pendant deux mois dans l'audi-
« toire du tribunal ; pendant lequel temps, les femmes,
« les maris, tuteurs, subrogés tuteurs, mineurs, in-
« terdits, parents ou amis et le procureur impérial se-
« ront reçus à requérir, s'il y a lieu, et à faire faire
« au bureau du conservateur des hypothèques des
« inscriptions sur l'immeuble aliéné, qui auront le
« même effet que si elles avaient été prises le jour du
« contrat de mariage, ou le jour de l'entrée en gestion
« du tuteur, sans préjudice des poursuites qui pour-
« raient avoir lieu contre les maris et les tuteurs,
« ainsi qu'il a été dit ci-dessus, pour hypothèques par
« eux consenties au profit de tierces personnes, sans
« leur avoir déclaré que les immeubles étaient déjà
« grevés d'hypothèques en raison du mariage ou de
« la tutelle.

« Art. 2195. — Si, dans le cours des deux mois de
« l'exposition du contrat, il n'a pas été fait d'inscrip-
« tion du chef des femmes, mineurs ou interdits, sur
« les immeubles vendus, ils passent à l'acquéreur
« sans aucune charge, à raison des dot, reprises et
« conventions matrimoniales de la femme ou de la
« gestion du tuteur, et sauf le recours, s'il y a lieu,
« contre le mari et le tuteur.

« S'il a été pris des inscriptions du chef desdites
« femmes, mineurs ou interdits, et s'il existe des
« créanciers antérieurs qui absorbent le prix en tota-
« lité ou en partie, l'acquéreur est libéré du prix ou

« de la portion du prix par lui payée aux créanciers
« placés en ordre utile ; et les inscriptions du chef
« des femmes, mineurs ou interdits, seront rayées
« ou en totalité ou jusqu'à due concurrence. — Si les
« inscriptions du chef des femmes, mineurs ou inter-
« dits sont les plus anciennes, l'acquéreur né pourra
« faire aucun payement du prix au préjudice desdites
« inscriptions, qui auront toujours, ainsi qu'il a été
« dit ci-dessous, la date du contrat de mariage ou de
« l'entrée en gestion du tuteur, et, dans ce cas, les
« inscriptions des autres créanciers qui ne viennent
« pas en ordre utile seront rayées. »

<h3 style="text-align:center">N° 243.</h3>

Cette purge légale est-elle nécessaire?

Sans aucun doute, elle est fort utile ; mais cependant nous pensons qu'un acquéreur qui achète avec
le concours de la femme du vendeur et qui fait concourir cette femme à la quittance de son prix, peut
éviter les frais assez élevés d'une purge légale, surtout
si les femmes des précédents propriétaires ont participé aux divers actes de vente.

<h3 style="text-align:center">N° 244.</h3>

Cette purge est-elle dispendieuse?

Oui, puisque le coût de cette formalité ne s'élève
pas à moins de 100 francs.

N° 245.

Qui doit payer ces frais ?

C'est à l'acquéreur seul à payer ces frais en sus de son prix. Il convient, à cet égard, de voir la différence qui existe entre la purge des hypothèques ordinaires et la purge légale. Les frais de la première viennent en déduction du prix dû par l'acquéreur, tandis que, pour la seconde, il les paye en sus de son prix.

N° 246.

Dans quel cas la purge légale est-elle indispensable ?

Elle est nécessaire quand les acquisitions sont importantes, et elle devient indispensable toutes les fois que la femme du vendeur ou les femmes des précédents vendeurs n'ont pas participé aux actes de vente.

Elle est encore indispensable lorsque les vendeurs ou les précédents propriétaires ont rempli les fonctions de tuteur ou de comptable.

N° 247.

L'acquéreur, par suite d'expropriation forcée, n'est-il pas dispensé de la purge légale ?

Oui ; aussitôt que le jugement d'adjudication est transcrit, toutes les hypothèques de toute nature sont purgées, et l'acquéreur peut faire procéder à l'ordre de son prix, d'après l'état délivré par le conservateur le jour de la transcription.

Mais cela n'a lieu que pour les adjudications sur saisies, et par une faveur de la loi du 21 mai 1858, pour éviter des frais et une formalité inutile. En effet, aujourd'hui, tous les créanciers hypothécaires, avertis des conditions et du jour de la vente, sont mis en mesure de faire valoir leurs droits et de surveiller l'aliénation de leur gage. La même sommation, qui est notifiée aux créanciers inscrits et qui les lie à la poursuite, est faite aux créanciers à hypothèques légales.

Des annonces sont, en outre, insérées dans les journaux.

Ce n'est pas tout. Le ministère public intervient directement pour la protection de ces droits sacrés et requiert, sur les biens compris dans la saisie, l'inscription des hypothèques des femmes, des mineurs et des interdits, existant du chef du saisi.

Ainsi, toutes les précautions sont prises pour que les droits soient rendus publics et pour que les créanciers soient appelés lors de la distribution des deniers ; mais si, par son inertie et par sa faute, un créancier à hypothèque légale a laissé échapper le droit de critiquer l'aliénation, le législateur lui ouvre encore une voie de salut en lui réservant le moyen de ressaisir son droit de préférence sur le prix.

De la surenchère.

N° 248.

Qu'est-ce que la surenchère?

La surenchère est un droit établi par la loi dans l'intérêt commun des créanciers; elle tend à élever le prix de l'immeuble à sa valeur réelle.

N° 249.

Quel est l'effet r la surenchère?

Son effet est d'anéantir le contrat volontaire, sur lequel elle intervient, en tout ce qui est relatif au prix de la vente et aux accessoires de ce prix.

N° 250.

N'y a-t-il pas plusieurs espèces de surenchères?

Il y a deux espèces de surenchères, savoir : celle qui a lieu après la vente d'un immeuble hypothéqué, et celle qui a lieu sur toute adjudication ordonnée par justice.

N° 251.

Que faut-il entendre de la première?

C'est celle qui a lieu à la suite d'une vente volontaire, par un créancier inscrit. En effet, dit l'art. 2185

13

du Code Napoléon, dans le cas de vente volontaire, tout créancier inscrit peut requérir la mise de l'immeuble aux enchères et adjudications publiques, à la charge :

1° Que cette réquisition sera signifiée au nouveau propriétaire, dans quarante jours, au plus tard, de la notification faite par ce dernier, en y ajoutant deux jours par cinq myriamètres de distance entre le domicile élu et le domicile réel de chaque créancier requérant ;

2° Qu'elle contiendra soumission du requérant de porter ou faire porter le prix à un dixième en sus de celui stipulé dans le contrat ou déclaré par le nouveau propriétaire ;

3° Que la même signification sera faite, dans un semblable délai, au précédent propriétaire, débiteur principal ;

4° Que l'original et les copies de ces exploits seront signés par le requérant ou par son fondé de pouvoir spécial, lequel, en ce cas, est tenu de donner copie de sa procuration ;

5° Qu'il offrira de donner caution jusqu'à concurrence du prix et des charges;

Le tout à peine de nullité.

N° 252.

Que faut-il entendre de la seconde?

C'est celle qui a lieu à la suite d'une adjudication ordonnée par justice. En effet, dit l'article 708 du Code de procédure civile, toute personne peut, *en cas d'adjudication sur saisie immobilière*, dans les huit jours qui suivront l'adjudication, faire, par le ministère d'un avoué, une surenchère, pourvu qu'elle soit du sixième au moins du prix principal de la vente (1).

Nous ne nous occuperons pas ici de cette seconde espèce ; nous ne traiterons que de la surenchère qu'un tiers détenteur peut craindre d'un créancier *inscrit.*

Nous avons indiqué comment le tiers détenteur peut se mettre à l'abri d'une surenchère ; nous allons nous occuper du créancier qui veut surenchérir.

N° 253.

Comment faut-il entendre le délai de 40 jours accordé au créancier inscrit pour surenchérir?

Le délai de 40 jours pour surenchérir du dixième court, à l'égard de *chaque créancier,* du jour de la

(1) En matière de faillite, toute personne peut surenchérir dans les quinze jours de l'adjudication, pourvu que la surenchère soit du dixième du prix principal.

notification qui lui a été faite, et non du jour de celle qui serait postérieurement faite aux autres créanciers. Il est utile de remarquer qu'il peut, en effet, y avoir dix créanciers inscrits sur le même immeuble; que la notification peut ne pas avoir été signifiée le même jour à tous, et que, par conséquent, chacun ne doit faire attention qu'à la date de la notification.qu'il a reçue particulièrement.

Dans le délai de 40 jours n'est pas compris le jour de la notification.

N° 254.

Suffit-il, pour surenchérir, d'être créancier inscrit sur l'immeuble vendu?

Pour faire une surenchère, il ne faut pas seulement être inscrit sur l'imeuble vendu ou adjugé; il est indispensable que l'inscription résulte d'un titre hypothécaire valable. L'acquéreur a le droit de critiquer ce titre; la notification de son contrat, faite à celui dont il attaque l'inscription, ne fait nullement obstacle à ce qu'il conteste, pour défaut de titre et d'inscription valable, la surenchère qui s'en est suivie.

N° 255.

La caution d'un débiteur peut-elle surenchérir?

Le droit de surenchère n'est accordé qu'au créancier *inscrit;* la caution ne peut donc pas former une

surenchère sur le prix de la vente des biens hypothéqués, puisqu'elle n'a ni créance ni inscription qui lui
soient propres. Elle ne pourrait se prévaloir de l'inscription prise par le créancier hypothécaire que lorsqu'elle aurait été subrogée aux droits de celui-ci par
le payement.

C'est ce que nous avons dit plus haut au chapitre
de la subrogation.

N° 256.

*Puisque la surenchère ne peut être faite que par le
créancier* inscrit, *en résulte-t-il que les créanciers à
hypothèque légale* non inscrite *ne peuvent exercer
ce droit?*

Les créanciers à hypothèque légale *non inscrite*
peuvent exercer le droit de surenchère; l'expression
inscrite qui se trouve dans les articles 2166 et 2185
du Code Napoléon ne doit s'appliquer qu'aux hypothèques que la loi ne dispense pas d'inscriptions.

MODÈLES DES INSCRIPTIONS.

Inscription du privilége du vendeur.

N° 257.

Inscription requise au bureau des hypothèques de (indiquer le bureau), au profit de (mettre les nom, prénoms, profession et demeure du vendeur, et indiquer une élection de domicile dans l'arrondissement du bureau des hypothèques);

Contre (mettre les nom, prénoms, profession et demeure du nouveau possesseur);

En vertu d'un acte de vente passé devant M⁰........, notaire à........., le......... (ou en vertu d'un acte sous seings privés, enregistré le.......);

Pour sûreté et privilége de (indiquer la somme due), stipulée payable avec (ou sans) intérêts, le (énoncer l'époque ou les époques de payement), entre les mains de (indiquer la personne à laquelle les payements doivent être faits et sa demenre);

Sur (désigner sommairement la nature, la contenance et la situation des biens aliénés), vendus par l'acte ci-dessus énoncé.

Inscription du privilége de l'échangiste.

N° 258.

Inscription requise au bureau des hypothèques de (indiquer le bureau), au profit de (mettre les nom, prénoms, profession et domicile de l'échangiste, et indiquer une élection de domicile dans l'arrondissement du bureau des hypothèques);

Contre (mettre les nom, prénoms, profession et domicile du contre-échangiste, débiteur de la soulte);

En vertu d'un acte contenant échange, reçu par M⁰........, notaire à ...., le........ (ou en vertu d'un acte sous seings privés, enregistré le........);

Pour sûreté et privilége de (indiquer le montant de la soulte due), stipulée payable avec (ou sans) intérêts le (énoncer l'époque ou les époques de payements), entre les mains de (indiquer la personne à laquelle les payements doivent être faits et sa demeure);

Sur (désigner sommairement la nature, la contenance et la situation des biens donnés en échange par l'acte ci-dessus énoncé et daté).

Inscription du privilége de prêteur de fonds pour le remboursement du prix d'un immeuble ou le montant d'une obligation.

N° 259.

Inscription est requise au bureau des hypothèques de (indiquer le bureau), au profit de (mettre les nom, prénoms, profession et demeure du prêteur de fonds, et indiquer une élection de domicile dans l'arrondissement du bureau des hypothèques);

Agissant au nom et comme ayant remboursé à M. (mettre les nom, prénoms, profession et demeure du créancier remboursé), le montant en principal et intérêts de la créance ci-après énoncée, en vertu d'une quittance contenant origine des deniers,. reçue par Me........., notaire à........., le....... ;

Contre (mettre les nom, prénoms, profession et demeure du débiteur);

En vertu d'un acte de vente (ou d'une obligation) reçue par Me........., notaire à........., le....... ;

Pour sûreté et privilége (seulement lorsqu'il s'agit d'un acte de vente) de (indiquer le montant de la somme remboursée), stipulée payable avec intérêts,le (énoncer l'époque ou les époques de payements), entre les mains de (indiquer la personne à laquelle les payements doivent être faits et sa demeure);

Sur (désigner sommairement la nature, la contenance et la situation des biens aliénés ou affectés à la garantie de la créance par l'acte de vente ou l'obligation ci-dessus énoncés et datés).

Inscription de privilége de copartageant

N° 260.

Inscription de privilége est requise au bureau des hypothèques de (indiquer le bureau);

Au profit de (mettre les nom, prénoms, profession et demeure des copartageants, et indiquer une élection de domicile dans l'arrondissement du bureau des hypothèques);

Contre (mettre les nom, prénoms, profession et demeure du copartageant débiteur);

En vertu d'un acte contenant partage, reçu par M°........., notaire à........., le........ (ou en vertu d'un acte sous seings privés, enregistré le........);

Pour sûreté et privilége de :

1° (Indiquer le montant de la somme due), stipulée payable avec intérêts le (énoncer l'époque ou les époques de payements) entre les mains de (indiquer la personne à laquelle les payements doivent être faits et sa demeure);

2° De deux années d'intérêts dudit capital, indépendamment de l'année courante (exprimer si les intérêts sont échus ou à échoir; dans le premier cas, les liquider et tirer hors ligne, et dans le second, les porter pour mémoire);

8° Des frais de mise à exécution exigibles au fur et à mesure de leur confection (les évaluer et les tirer hors ligne);

Sur (désigner sommairement la nature, la contenance et la situation des immeubles composant le lot du copartageant débiteur désigné dans l'acte de partage).

Inscription de privilége de colicitant.

N° 261.

Inscription de privilége est requise au bureau des hypothèques de (indiquer le bureau);

Au profit de (mettre les nom, prénoms, profession et demeure du colicitant créancier, et indiquer une élection de domicile dans l'arrondissement du bureau des hypothèques);

Contre (mettre les nom, prénoms, profession et de-meure du colicitant débiteur);

En vertu d'un acte de vente à titre de licitation reçu par Mᵉ........, notaire à,........, le........

Pour sûreté et privilége de :

1° (Indiquer le montant en capital du prix de la vente par licitation), stipulée payable avec intérêts le (énoncer l'époque ou les époques de payements), entre les mains de (indiquer la personne à laquelle les payements doivent être faits et sa demeure);

2° De deux années d'intérêts dudit capital, indé-pendamment de l'année courante (exprimer si les in-térêts sont dus ou à échoir; dans le premier cas, les liquider et tirer hors ligne; dans le second, les porter pour mémoire);

3° Et des frais de mise à exécution exigibles au fur

et à mesure de leur confection (les évaluer et tirer hors ligne);

Sur spécialement les biens immeubles ci-après désignés, faisant l'objet de la vente par licitation susdatée, consistant en (les désigner sommairement), lesquels sont affectés à la garantie du montant de ladite vente à titre de licitation.

Première inscription de privilége des architectes.

N° 262.

M. (indiquer les nom, prénoms, profession et demeure du requérant), lequel fait élection de domicile (faire élection de domicile dans l'arrondissement du bureau des hypothèques, indiquer le bureau),

Requiert l'inscription du privilége qui pourra lui appartenir sur la plus-value des travaux à faire dans une maison (ou tout autre immeuble qu'il convient de désigner), située commune de......, appartenant à (mettre les nom, prénoms, profession et demeure du propriétaire); lesquels travaux doivent être exécutés par le requérant et ont été préalablement constatés par un procès-verbal, dressé le...... par M. (désigner le nom de l'expert nommé d'office), expert nommé à cet effet par jugement du tribunal civil de première instance de l'arrondissement de.............., en date du..........:   (HERVIEU.)

Contre (indiquer les nom, prénoms, profession et demeure de celui sur lequel l'inscription est prise);

Pour sûreté des sommes qui pourront lui être dues pour ladite plus-value, exigibles le...... ou aussitôt la réception des travaux, lesquelles sont indéterminées, ci............... indéterminées.

Par privilége sur la maison (ou tout autre immeuble en construction).

Deuxième inscription de privilége
des architectes.

N° 263.

Bordereau de créances privilégiées, résultant d'un procès-verbal de réception d'ouvrages dressé par M. (mettre les nom, profession et demeure de l'expert), en date du......,

Au profit de M. (mettre les nom, prénoms, profession et domicile du requérant), lequel fait élection de domicile (faire élection de domicile dans l'arrondissement du bureau des hypothèques);

Contre (indiquer les nom, prénoms, profession et demeure de celui sur lequel l'inscription est prise);

Pour sûreté desquelles créances mondit sieur (répéter le nom du requérant) requiert au bureau des hypothèques de (indiquer le bureau) inscription de privilége sur la valeur résultant des travaux par lui faits dans une maison située à...... (ou tout autre immeuble qu'il convient de désigner par sa nature et sa situation), ladite maison (ou les autres immeubles) appartenant audit sieur (répéter le nom du débiteur);

Montant des ouvrages faits par le requérant et évalués, par le procès-verbal susénoncé et daté, à la somme de (mettre la somme en toutes lettres), ladite somme exigible (énoncer l'époque ou les époques de payements ainsi que le lieu où ils doivent être faits et tirer la somme hors ligne);

Par privilége sur la maison (ou tout autre immeuble construit ou rétabli).   (HERVIEU.)

Première inscription de privilége des prêteurs de deniers aux architectes.

N° 264.

Bordereau d'inscription de créances privilégiées est requis au bureau des hypothèques de (indiquer le bureau),

En vertu d'un acte reçu par M^e....., notaire à...... le.....,

Au profit de M. (mettre les nom, prénoms, profession et demeure du prêteur), pour lequel domicile est élu à (faire élection de domicile dans l'arrondissement du bureau des hypothèques);

Au nom et comme ayant fourni à M. (indiquer les nom, prénoms, profession et domicile de l'architecte), les deniers nécessaires pour l'exécution des travaux à faire dans une maison et dépendances (ou tout autre immeuble qu'il convient de désigner), appartenant à M. (indiquer les nom, prénoms, profession et domicile du propriétaire de l'immeuble), lesquels ont été confiés audit sieur......, architecte, et sont constatés dans un procès-verbal de réception de travaux dressé par M. (mettre les nom, prénoms et domicile de l'expert), en date du......;

Contre M. (mettre les nom, prénoms, profession et demeure du propriétaire de l'immeuble);

Pour sûreté et privilége de :

1° (Indiquer le montant en capital de la somme prêtée) stipulée payable, avec intérêts, le (énoncer l'époque ou les époques de payements), entre les mains de (indiquer la personne à laquelle les payements doivent être faits et sa demeure);

2° De deux années d'intérêts dudit capital, indépendamment de l'année courante dont la loi conserve le rang, pour..................... Mémoire;

3° Et des frais de mise à exécution le cas échéant (les évaluer et tirer hors ligne);

Sur spécialement (désigner les immeubles sur lesquels ont été exécutés les travaux).

Deuxième inscription des prêteurs de fonds aux architectes.

N° 265.

Bordereau d'inscription des créances privilégiées est requise au bureau des hypothèques de (indiquer le bureau);

Au profit de M. (mettre les nom, prénoms, profession et demeure du requérant), pour lequel domicile est élu à (faire élection de domicile dans l'arrondissement du bureau des hypothèques);

Contre M. (mettre les nom, prénoms, profession et domicile de l'architecte);

En vertu d'un acte reçu par M^e........, notaire à... ...., le.........;

Pour sûreté et privilége de :

1° (Indiquer le montant en capital de la somme prêtée), laquelle somme, aux termes de l'acte sus-énoncé et daté, est stipulée payable (indiquer l'époque ou les époques des payements), entre les mains de (indiquer la personne à laquelle les payements doivent être faits et sa demeure), et a servi au payement des travaux exécutés par ledit sieur (architecte), sur une maison et dépendances appartenant à M. (indiquer les nom, prénoms, profession et demeure du propriétaire de l'immeuble, situées à........ (ou sur tous autres immeubles qu'il convient de désigner), ci........ (tirer hors ligne);

2° Des intérêts conservés par la loi pour mémoire;

3° Et des frais de mise à exécution le cas échéant (les évaluer et tirer hors ligne);

Sur (désigner sommairement la nature et la situation des immeubles affectés à la garantie de la créance).

Inscription de privilége du Trésor.

N° 266.

Bordereau d'inscription de créance hypothécaire est requise, au profit de l'État, au bureau des. hypothèques de (indiquer le bureau);

Au nom de l'administration de l'enregistrement et des domaines, rue Castiglione, à Paris, et à la diligence de M. (mettre les nom, prénoms et domicile du receveur qui requiert l'inscription avec élection de domicile dans l'arrondissement du bureau);

Contre le sieur (mettre les nom, prénoms, profession et demeure du débiteur);

Pour sûreté et privilége :.

1° De la somme de (énoncer le montant en capital) montant des condamnations prononcées contre lui par jugement du tribunal correctionnel de (énoncer la date du jugement), pour (énoncer le délit et tirer la somme hors ligne), ci.......;

2° De celle de........ pour frais faits, ci........ ;

Lesquelles sommes sont actuellement exigibles.

Frais à faire pour........................... mémoire.

Sur tous les biens immeubles présents et à venir que ledit sieur (mettre le nom du débiteur) possède ou possédera, par la suite, dans l'arrondissement du bureau des hypothèques (indiquer le bureau).

Inscription conventionnelle et légale requise cumulativement au profit du créancier.

N° 267.

Inscription d'hypothèque légale et conventionnelle à inscrire au bureau des hypothèques (indiquer le bureau).

En vertu : 1° de la loi, 2° d'un acte reçu par M°......., notaire à........, le......., contenant (énoncer la nature de l'acte), affectation hypothécaire et cession d'hypothèque légale.

M. (indiquer les nom, prénoms, profession et domicile du créancier, avec élection de domicile dans l'arrondissement du bureau des hypothèques).

Requiert contre (mettre les nom, prénoms, profession et domicile du mari et de la femme) débiteurs solidaires,

Pour sûreté de :

1° La somme de (mettre la somme en capital), montant en principal de l'acte susdaté, exigible dans le délai de (énoncer l'époque ou les époques de payements) et payables entre les mains de (indiquer la personne à laquelle les payements doivent être faits et sa demeure), avec intérêts (ou sans intérêts); le tout, capital et intérêts, à compter de (mettre l'exigibilité et tirer hors ligne);

14

2° De deux années à échoir des intérêts dudit capital dont la loi conserve le rang, indépendamment de l'année courante, pour.................. Mémoire;

3° Et des frais de mise à exécution dudit acte, exigibles au fur et à mesure de leur confection, pour... Mémoire.

Premièrement : — L'inscription de l'hypothèquespéciale consentie à son profit par les sieur et dame (rappeler les noms des débiteurs), aux termes dudit acte,

Sur les biens immeubles ci-après désignés, appartenant aux débiteurs (désigner sommairement les immeubles);

Deuxièmement : — Et l'inscription à son profit exclusif et jusqu'à concurrence du montant en principal, intérêts, frais et accessoires de sa créance, de l'hypothèque légale de la dame (rappeler son nom), sur les biens présents et à venir de son mari, situés dans l'étendue du bureau des hypothèques de (indiquer le bureau), laquelle inscription pourra être rayée sur la simple mainlevée du créancier requérant et conservera notamment :

1° Ses apports en mariage et autres conventions matrimoniales;

2° Les sommes, créances et objets mobiliers qu'elle pourra recueillir par successions, donations, legs ou autrement;

3° Les sommes qui pourront provenir de la vente des immeubles à elle propres aliénés;

4° Les indemnités qu'elle pourra avoir à réclamer pour quelque cause que ce soit, notamment pour les obligations qu'elle aurait souscrites avec son mari ou pour lui ;

Le tout indéterminé.

(S'il y a contrat de mariage, l'énoncer.)

M. le conservateur est encore requis de mentionner sur ses registres que, nonobstant l'exigibilité de la somme de........., cette somme, etc. .(si l'acte porte que l'exigibilité sera de droit à défaut de payement d'un seul terme d'intérêts, l'énoncer).

Inscription judiciaire.

N° 268.

Bordereau de créance à inscrire au bureau des hypothèques de (indiquer le bureau),

Au profit de M. (mettre les nom, prénom, profession et domicile du requérant (pour lequel domicile est élu à (faire élection de domicile dans l'arrondissement du bureau des hypothèques) ;

Contre (mettre les nom, prénoms, profession et domicile du condamné) ;

En vertu d'un jugement rendu par le tribunal civil de première instance de l'arrondissement de....ɛ.., en date du......

1° Principal actuellement exigible (s'il y a délai, l'énoncer), montant des condamnations prononcées par ledit jugement et pour les causes y énoncées, la somme de (mettre la somme en toutes lettres et la tirer hors ligne), ci......;

2° Les intérêts de ladite somme pour l'année courante et deux années à échoir dont la loi conserve le rang, pour...... .... Mémoire;

(Lorsqu'il y a des intérêts échus il faut les calculer et les tirer hors ligne), ci.......;

3° Les dépens liquidés et ceux de mise à exécu-

tion du jugement (les évaluer et les tirer hors ligne),
ci.........................

Pour sûreté desquelles créances, l'inscription est
requise sur tous les biens immeubles présents et à
venir dudit sieur (répéter le nom du débiteur), situés
dans l'étendue dudit bureau.

Inscription d'hypothèque légale d'une femme contre son mari.

N° 269.

Inscription d'hypothèque légale est requise au bureau des hypothèques de (indiquer le bureau).

Par M. (mettre les nom, prénoms, profession et demeure du requérant), au nom personnel et pour le profit de (mettre les nom, prénoms et domicile de la femme pour laquelle on requiert inscription), pour laquelle domicile est élu en la demeure de (faire élection de domicile dans l'arrondissement du bureau des hypothèques) ;

Sur tous les biens immeubles qui appartenaient au sieur (indiquer les nom et prénoms du mari), au moment de son mariage avec ladite dame son épouse, sur ceux qui lui ont appartenu depuis ainsi que sur ceux qui lui appartiennent actuellement et pourront lui appartenir par la suite à quelque titre que ce soit, situés dans l'arrondissement dudit bureau ;

1° Principal de la dot apportée en mariage par ladite dame à son mari (mettre la somme en toutes lettres et tirer hors ligne), ci...........;

2° Préciput (ou tout autre avantage qu'il faut désiguer (mettre la somme en toutes lettres et tirer hors ligne), ci.....................

Total des créances déterminées (en toutes lettres), ci....................;

3° Action en remploi des biens personnels qui pourront être aliénés, ci........ indéterminées;

4° Indemnités que ladite dame pourra avoir à exercer contre son mari, ci...... indéterminées;

5° Et généralement pour toutes les sommes dont elle est ou pourra être créancière dudit sieur son mari, à quelque titre et pour quelque cause que ce soit.

Inscription d'hypothèque légale d'un mineur contre son tuteur.

N° 270.

Inscription d'hypothèque légale est requise au bureau des hypothèques de (indiquer le bureau), par M. (mettre les nom, prénoms, profession et domicile du requérant), pour lequel domicile est élu (faire élection de domicile dans l'arrondissement du bureau des hypothèques) ;

Contre le sieur (indiquer les noms et prénoms du tuteur), en sa qualité de tuteur du sieur (mettre les nom, prénoms, profession et demeure du mineur);

Pour sûreté et conservation des créances qui peuvent et pourront résulter de la gestion que ledit sieur (répéter le nom du tuteur) a et pourra avoir par la suite des biens dudit mineur, le tout indéterminé, ci........ indéterminé;

Sur tous les biens immeubles présents et à venir dudit sieur (répéter les nom et prénoms du tuteur), situés dans l'étendue du bureau des hypothèques établi à.....

Inscription d'hypothèque légale d'un interdit contre son curateur.

N° 271.

Inscription d'hypothèque légale est requise au bureau des hypothèques de (indiquer le bureau),

Par M. (mettre les noms, prénoms, profession et domicile du curateur à l'interdiction), pour lequel domicile est élu (faire élection de domicile dans l'arrondissement du bureau des hypothèques) ;

Au nom et comme curateur nommé par justice à l'interdiction du sieur (mettre les noms, prénoms, profession et domicile de l'interdit), aux termes d'un jugement rendu par le tribunal civil de première instance de l'arrondissement de......., en date du......;

Contre ledit sieur (répéter les noms et prénoms du curateur à l'interdiction), en sa qualité susexprimée ;

Pour sûreté et conservation des créances qui peuvent et pourront résulter par la suite de la gestion et administration que ledit sieur (répéter le nom du curateur) a et pourra avoir par la suite des biens dudit sieur (répéter le nom), interdit ;

Le tout indéterminé ;

Sur tous les biens immeubles présents et à venir dudit sieur (répéter les noms et prénoms du curateur), situés dans l'étendue dudit bureau des hypothèques.

Inscription d'hypothèque légale de l'État contre un comptable.

N° 272.

Inscription de privilége est requise au bureau des hypothèques de (indiquer le bureau),

Au profit du Trésor public, poursuite et diligence de M. (énoncer les nom, prénoms, profession et domicile du requérant), pour lequel domicile est élu (faire élection de domicile dans l'arrondissement du bureau des hypothèques);

Contre (désigner les nom, prénoms, profession et domicile du comptable);

Afin de sûreté des priviléges et hypothèques du Trésor public, résultant de la gestion et administration dudit sieur (répéter le nom du comptable).

La présente inscription est requise par (répéter les nom, prénoms, profession et demeure du requérant l'inscription), en exécution de la loi du 5 septembre 1807, en conséquence d'un acte passé (énoncer sommairement la date et l'objet de l'acte qui donne lieu à l'inscription; si c'est une acquisition ou une vente, en exprimer le prix; indiquer aussi la nature et la situation des biens acquis ou aliénés par le comptable ou par sa femme);

Pour sûreté des sommes dont le comptable pourra être constitué débiteur envers le Trésor après l'apurement de ses comptes....... indéterminées ;

Sur les biens immeubles ci-dessus désigné..

Inscription d'hypothèque légale des communes et établissements publics contre leurs comptables.

N° 273.

Inscription du privilége est requise au bureau des hypothèques de (indiquer le bureau),

Au profit de (indiquer la commune ou l'établissement public), poursuite et diligence de (indiquer les nom, prénoms, profession et domicile du receveur desdits commune ou établissement), pour lequel domicile est élu (faire élection de domicile dans l'arrondissement du bureau des hypothèques);

Contre M. (mettre les nom, prénoms, profession et demeure du comptable);

Pour sûreté des créances qui peuvent et pourront résulter au profit de ladite commune de (mettre le nom de la commune ou de l'établissement public), de la gestion et de l'administration qui ont été confiés audit sieur (répéter le nom du comptable) de deniers publics (ajouter : appartenant à ladite commune ou audit établissement public); le tout indéterminé, ci....... indéterminé;

Sur tous les biens immeubles présents et à venir dudit sieur (répéter les nom et prénoms du comptable) ; le tout situé dans l'arrondissement dudit bureau des hypothèques.

Renouvellements d'inscriptions.

N° 274.

Les renouvellements d'inscriptions ne sont que la reproduction ou la copie littérale des inscriptions primitives.

Seulement, lorsqu'il y a une ou plusieurs années d'intérêts échus, on les calcule et on les ajoute au principal avant de mettre les intérêts de deux années et la courante conservés par la loi.

Et à la fin on ajoute :

La présente inscription est requise en renouvellement de celle prise au bureau des hypothèques de (indiquer le bureau et la date de l'inscription ou des inscriptions primitives), volume (mettre le volume), numéro (mettre le numéro).

TABLE

ALPHABÉTIQUE ET ANALYTIQUE.

ACQUÉREUR,

ACTES SOUS SEINGS PRIVÉS.

Le copartageant ou le colicitant peut prendre une inscription de privilége en vertu d'un partage ou d'une licitation sous seings privés; n° 38 *bis*.

On peut prendre une inscription de privilége de vendeur en vertu d'un acte sous seings privés; n° 14.

Dangers et inconvénients nombreux des actes sous seings privés; n°ˢ 14 *bis* et 225 *bis*.

ACTION RÉSOLUTOIRE (voir *Priviléges*).

ARCHITECTES (voir le mot *Priviléges*).

BAUX (voir le mot *Transcription*).

BORDEREAUX (voir le mot *Inscription*).

BULLETIN DE DÉPOT.

Il est prescrit par la loi; page 4, art. 8.

Ce que c'est que le bulletin de dépôt à délivrer par le conservateur; n° 145.

Quand le même individu dépose plusieurs pièces à la fois, il n'est délivré qu'un seul bulletin; n° 146.

Le bulletin n'est pas toujours délivré; n° 147.

La partie ne le demande presque jamais; n° 147.

Le conservateur est tenu à le faire, même quand la partie ne le demande pas; n° 147.

———

CESSION DE PRIORITÉ D'HYPOTHÈQUE; n° 190.

CESSIONS (voir le mot *Subrogation*).

CHANGEMENT DE DOMICILE DANS LES INSCRIPTIONS (voir le mot *Inscription*).

COHÉRITIERS (voir les mots *Priviléges* et *Transcription*).

COPARTAGEANT (voir les mots *Priviléges* et *Transcription*).

COMPTABLES (voir *Priviléges* et *Inscription*).

CONTRATS DE MARIAGE.

Cas où les contrats de mariage doivent être transcrits; n°˙ 210, § IV, et 228.

Ceux qui renferment des donations contractuelles ou éventuelles n'ont pas besoin d'être transcrits; n° 229.

Le donateur n'a aucun intérêt à faire transcrire le contrat de mariage qui renferme une donation; n° 231 *bis*.

DONATIONS.

Les donations entre-vifs doivent être transcrites; n°ˢ 210, § v, et 227.

L'obligation de transcrire les donations n'est pas imposée par la nouvelle loi, mais par le Code Napoléon; n° 227.

Les donations contenues dans un contrat de mariage doivent être transcrites; n° 228.

Les donations éventuelles ne doivent pas être transcrites; n° 229.

Un donataire peut ne présenter que son lot à la transcription; n° 230.

Indication des frais de transcription des diverses donations; n° 231.

Le donateur n'a aucun intérêt à faire transcrire; n° 231 *bis*.

Le donateur n'a pas de privilége à conserver; n° 231 *bis*.

La transcription d'une donation intéresse le donataire seul; n°ˢ 231 *bis*.

DROITS D'HYPOTHÈQUES.

Principes généraux; pages 5, 6 et 7.

Ils doivent être payés d'avance par les requérants; page 6, art. 14.

Droits d'inscription; page 5, art. 13.

Quand le droit d'inscription a été perçu dans un bureau, il n'est plus dû si la même créance doit être inscrite dans un autre bureau; page 6, art. 16.

L'inscription indéfinie ne donne lieu à aucun droit; page 7, art. 17.

Droits de transcription; page 5, n° 13.

ÉCHANGES.

Les échanges doivent être transcrits; n° 210, § VI.

L'échangiste a un privilége comme le vendeur pour la soulte; n° 25.

Ce privilége est conservé par la transcription ou par une inscription; n° 26.

Modèle d'une inscription de privilége de l'échangiste; n° 27.

Un échange doit être transcrit en entier, et un échangiste ne peut demander la formalité seulement pour l'immeuble qui le concerne; n° 225 (voir, au surplus, les mots *Priviléges* et *Transcription*).

ÉTATS D'INSCRIPTIONS.

Ce qu'il faut entendre par états d'inscription ;

Il y a plusieurs sortes d'états ;

Ce qu'est l'état individuel,

— l'état partiel,

— l'état sur immeubles désignés,

— l'état sur transcription ;

Différence entre eux ;

Ce qu'il faut faire pour obtenir un état d'inscriptions ;

Les réquisitions sont faites sur papier non timbré ;

On peut demander un état sur transcription incomplet, c'est-à-dire sur les vendeurs seulement, ou quelques-uns des vendeurs et quelques-uns des anciens propriétaires ;

Dangers pour un acquéreur de se contenter d'un état sur transcription incomplet ;

Ce que coûte un état ;

Des cas où il faut demander un état individuel,

— partiel,

— sur immeubles désignés,

— ou sur transcription ;

Ce qu'il faut entendre par état des transcriptions ;

Son but, son utilité, la manière de l'obtenir ; n° 236 *bis.*

EXPROPRIATION POUR CAUSE D'UTILITÉ PUBLIQUE.

HYPOTHÈQUES.

HYPOTHÈQUE CONVENTIONNELLE.

Modèle d'une inscription conventionnelle; n° 77.

HYPOTHÈQUE JUDICIAIRE.

Ce que c'est que l'hypothèque judiciaire; n°‧ 59
et 78.

L'hypothèque existe même quand le jugement est
frappé d'appel; n° 79.

Ce que devient l'inscription, quand le jugement est
réformé en appel ; n° 80.

Qui doit alors payer les frais? n° 81.

Ce que devient l'inscription, quand le jugement est
réformé sur un point; n° 82.

A quelle date l'hypothèque frappe, quand le jugement est confirmé? n° 83.

L'inscription judiciaire peut être prise ausssitôt le
prononcé du jugement, même avant l'enregistrement du jugement; n°‧ 84, 85, et 136.

Quels sont les immeubles affectés par l'hypothèque judiciaire? n° 86.

Il n'est pas besoin de requérir de nouvelles inscriptions, toutes les fois que le débiteur possède de
nouveaux biens; n° 87.

Mais il faut exprimer dans les bordereaux que l'inscription grèvera les biens à venir; n° 88.

Modèle d'une inscription judiciaire; n° 89.

DE L'HYPOTHÈQUE LÉGALE DE L'ÉTAT, DES COMMUNES ET DES ÉTABLISSEMENTS PUBLICS.

Ce qu'on entend par l'hypothèque légale de l'État,

des communes et établissements publics; nᵒˢ 54, 112.

Cette hypothèque diffère de celle des maris et des tuteurs; nᵒ 113.

Elle doit être inscrite; nᵒˢ 114, 119.

Rang qu'elle doit occuper; nᵒ 114.

Comptables sur lesquels elle frappe; nᵒ 115.

Elle ne frappe pas sur les percepteurs; nᵒ 116.

Elle n'existe pas sur les intérimaires; nᵒ 117.

Ni sur les cautions des comptables; nᵒ 118.

Immeubles qui en sont frappés; nᵒ 119.

Délai pour requérir cette inscription; nᵒ 120.

Qui doit la requérir? nᵒ 121.

Modèle de cette inscription; nᵒ 122.

HYPOTHÈQUE LÉGALE DES COMMUNES ET ÉTABLISSEMENTS PUBLICS SUR LES BIENS DE LEURS COMPTABLES.

Qui doit requérir cette inscription? nᵒ 123.

Modèle de cette inscription; nᵒ 124.

INSCRIPTION.

Ce que c'est que l'inscription; nᵒ 125.

DU MODE D'INSCRIPTION.

On peut requérir certaine inscription sans titre; n° 137.

On peut ne représenter au conservateur qu'un extrait du titre; n° 138.

Il est nécessaire de présenter au conservateur deux bordereaux d'inscription; n° 139.

Les bordereaux doivent être copiés en entier sur le registre d'inscription; n° 140.

Quand le titre se trouve sur le timbre qui n'est plus en usage, on peut y copier l'un des bordereaux; n° 141.

Tout ce que doivent contenir les bordereaux; n° 142.

Les bordereaux peuvent n'être pas signés; n° 143.

Après la présentation des bordereaux et du titre, le rôle du créancier est fini; celui du conservateur commence; n° 144.

Comment le créancier sera assuré que le conservateur inscrira ses bordereaux le jour même du dépôt; n° 145.

Ce que c'est que le bulletin de dépôt délivré par le conservateur; n° 145.

Quand le même individu dépose plusieurs pièces à la fois, il n'est délivré qu'un seul bulletin; n° 146.

La partie, pour retirer ses actes, doit rapporter au conservateur le bulletin de dépôt; n° 147.

Les parties prennent-elles toujours le bulletin de
dépôt? n° 147.

Comment un créancier qui a omis quelque chose
dans son inscription peut réparer l'omission ;
n° 148.

La rectification ne peut être faite en marge do l'inscription par le conservateur ; n° 149.

Ce que l'inscription doit contenir relativement aux
intérêts échus et à échoir ; n°ˢ 150 et 151.

Inscription de privilége du vendeur et de l'échangiste (voir à la table, au mot *Priviléges;* n°ˢ 6
à 27).

Inscriptions de privilége du prêteur de fonds (voir
à la table, au mot *Priviléges;* n°ˢ 28 et 29).

Inscription de privilége des cohéritiers et des copartageants (voir à la table, au mot *Priviléges;*
n°ˢ 30 à 39).

Inscription de privilége des architectes, maçons et
autres ouvriers, etc. (voir à la table, au mot
Priviléges; n°ˢ 40 à 48).

Inscription de privilége pour ceux qui ont prêté
les deniers aux architectes, maçons, etc., etc.
(voir à la table, au mot *Priviléges;* n°ˢ 49 et
50 *bis*).

Inscription de privilége du Trésor public (voir à la
table, au mot *Priviléges;* n°ˢ 51 à 54).

Inscription d'hypothèque conventionnelle (voir à la table, au mot *Hypothèque;* n°˙ 67 à 77).

Inscription d'hypothèque judiciaire (voir à la table, au mot *Hypothèque;* n°˙ 78 à 89).

Inscription d'hypothèque légale (voir à la table, au mot *Hypothèque;* n°˙ 90 à 124).

Qui doit payer les frais d'inscription? n° 162.

RENOUVELLEMENTS D'INSCRIPTIONS.

Ce que durent les inscriptions; 16, 152.

Nécessités de renouveler l'inscription; n°˙ 18, 20, 21 et 153.

Comment il faut compter les dix ans que durent les inscriptions; n° 154.

Quand le dernier jour des dix ans est un jour férié où les bureaux d'hypothèques sont fermés; n° 155.

Ce qu'il faut faire pour renouveler une inscription; n° 156.

Modèle d'un renouvellement; n° 157.

Est-ce au conservateur à renouveler l'inscription d'office qu'il a prise contre un vendeur? n°˙ 19, 161.

Le créancier peut ne pas présenter le titre au conservateur pour un renouvellement; n°˙ 137 et 158.

Le créancier subrogé n'est pas tenu de faire mentionner sa subrogation en marge de l'inscription; n° 173.

Mais il est utile de le faire; dangers auxquels on est exposé si on ne le fait pas; n° 174.

Ce qu'il faut faire pour rendre publique la subrogation; n° 175.

Le subrogé peut se faire représenter par un mandataire pour rendre publique sa subrogation; n° 176.

Les héritiers du cessionnaire le peuvent également; n° 177.

Peut-on faire opérer une mention de subrogation avec un titre sous seings privés? n° 178.

Ce qu'il convient de faire dans ce cas; n° 179.

La subrogation peut n'être que partielle; n° 180.

La subrogation peut être faite à plusieurs individus; n° 181.

Quand il y a plusieurs subrogés pour la même créance, ce qu'ils doivent faire; n° 182.

Quand l'inscription n'a pas été prise par le cédant, ce que le subrogé doit faire; n° 183.

SUBROGATION DANS L'HYPOTHÈQUE LÉGALE DE LA FEMME.

La subrogation dans l'hypothèque légale de la

femme doit être rendue publique ; nos 184, 185, 186 et 187.

Formalités à remplir par le cessionnaire de l'hypothèque légale de la femme ; nos 151, 188, 189 et 267.

Inconvénients de requérir l'inscription d'hypothèque légale de la femme *à son profit*, au lieu de la requérir *au profit du créancier* ; n° 188.

Il est préférable de prendre l'inscription de l'hypothèque légale de la femme au profit du créancier ; n° 188.

CESSION DE PRIORITÉ D'HYPOTHÈQUE.

Ce qu'on entend par cession de priorité d'hypothèque, et ce qu'il faut faire pour la rendre publique ; n° 190.

TRANSPORT DE L'HYPOTHÈQUE SUR D'AUTRES IMMEUBLES.

Ce que le créancier et le débiteur doivent faire tous deux dans cette circonstance ; n° 191.

RADIATIONS DES INSCRIPTIONS.

Comment les inscriptions sont rayées ; nos 192 et 193.

Ce que devient l'inscription après la radiation ; n° 194.

RÉDUCTION DES INSCRIPTIONS EXCESSIVES.

LICITATIONS.

Les licitations n'ont pas besoin d'être transcrites; n°⁵ 36 et 212.

Cas où elles doivent être transcrites ; n°⁵ 37 et 212.

Le colicitant peut prendre une inscription de privilége en vertu d'une licitation sous seings privés ; n° 38 *bis* (voir, à la table, les mots *Priviléges* et *Transcription*).

MODÈLES.

D'une inscription de privilége du vendeur; n° 257.

D'une inscription de privilége de l'échangiste ; n° 258.

D'une inscription de privilége de prêteur de fonds ; n° 259.

D'une inscription de privilége de copartageant ; n° 260.

D'une inscription de privilége de colicitant ; n° 261.

D'une inscription de privilége des architectes, maçons, etc., etc., etc. (première inscription) ; n° 262.

D'une inscription de privilége des architectes, maçons, etc., etc. (deuxième inscription); n° 263.

D'une inscription de privilége des prêteurs de deniers aux architectes, etc., etc. (première inscription) ; n° 264.

D'une inscription de privilége des prêteurs de fonds aux architectes, etc., etc. (deuxième inscription) ; n° 265.

D'une inscription de privilége du Trésor; n° 266.

D'une inscription conventionnelle et d'une inscription d'hypothèque légale de la femme, prises cumulativement au profit du créancier; n° 267.

D'une inscription judiciaire ; n° 268.

D'une inscription d'hypothèque légale d'une femme contre son mari ; n° 269.

D'une inscription d'hypothèque légale d'un mineur contre son tuteur; n° 270.

D'une inscription d'hypothèque légale d'un interdit contre son tuteur; n° 271.

D'une inscription d'hypothèque légale de l'État contre un comptable; n° 272.

D'une inscription d'hypothèque légale des communes et établissements publics sur leurs comptables; n° 273.

D'une inscription en renouvellement ; n° 274.

ORDRES (voir les mots *Transcription* et *Purge*).

—————

PARTAGES.

Les partages n'ont pas besoin d'être transcrits ; nᵒˢ 36 et 213.

Le copartageant peut prendre une inscription de privilége en vertu d'un acte de partage sous seings privés ; nᵒ 38 *bis*.

Il est des cas où les partages doivent être transcrits ; nᵒ 213 *bis*.

(Voir, de plus, à la table, les mots *Priviléges* et *Transcription*).

PRÊTEURS DE FONDS (voir les mots *Priviléges* et *Inscription*).

PRIVILÉGES.

Ce que c'est que le privilége ; nᵒ 1ᵉʳ.

Il prévaut sur l'hypothèque ; nᵒ 2.

Du rang des priviléges entre eux ; nᵒ 55.

Différence entre le privilége et l'hypothèque ; nᵒ 5.

Quels sont les priviléges sur les immeubles? nᵒ 5.

PRIVILÉGE DU VENDEUR,

Avant la loi de 1855, le privilége existait sans inscription ; page 25.

Il existe sur l'immeuble vendu pour le payement
du prix ; n° 5.

Comment le vendeur conserve son privilége ;
n° 6.

Utilité de requérir son inscription de privilége quand
la vente n'est pas transcrite ; n° 6.

Modèle d'une inscription de privilége de vendeur ;
n° 7.

Délais pour la requérir ; nos 8, 9, 10 et 24.

Comment il faut entendre le délai de quarante-
cinq jours fixé par l'article 6 de la loi de 1855
pour la conservation du privilége de vendeur ;
n° 24.

Le cas où le vendeur privilégié ne peut craindre
l'effet de la transcription d'une revente ; nos 9
et 10.

Le vendeur doit-il toujours requérir son inscription
de privilége ? n° 11.

Il vaut mieux, pour le vendeur, que son privilége
soit conservé par la transcription que par l'inscription ; n° 11 *bis*.

Moyen, pour le vendeur, d'arriver à ce que la transcription soit faite promptement ; n° 11 *bis*.

Comment s'assurer si le contrat est transcrit ;
n° 12.

Quels sont les frais nécessités pour cette demande ?
n° 13.

PRIVILÉGE DE L'ÉCHANGISTE.

PRIVILÉGE du prêteur de fonds.

Quelle doit être la nature des actes? n° 28.

Ce que c'est que ce privilége ; n° 28.

Condition essentielle des actes ; n° 28.

Modèle de l'inscription à prendre ; n° 29.

PRIVILÉGE des copartageants et cohéritiers sur les immeubles de la succession pour la garantie des partages faits entre eux et des soultes ou retours de lots.

Différence entre ce privilége et celui du vendeur ; ils n'ont d'analogie qu'en principe ; n°ˢ 30 et 34.

Ce que c'est qu'une soulte ; n° 31.

Comment et dans quel délai on conserve le privilége du copartageant pour la soulte, ou du colicitant pour le prix ; n° 32.

Modèles de ces deux inscriptions ; n° 33.

Différence entre le vendeur et le cohéritier ou copartageant, relativement au délai qu'ils ont pour la conservation de leurs priviléges ; n° 34.

Le cas où le cohéritier ou le copartageant n'a qu'un délai de quarante-cinq jours au lieu de soixante jours ; n° 35,

Le privilége du cohéritier ou copartageant ne se conserve pas d'office par le conservateur ; il faut requérir une inscription ; n° 36.

Cas où le conservateur inscrit d'office lui-même le privilége résultant d'une licitation ; n° 37.

Manière de compter le délai de quarante-cinq jours ou de soixante jours ; n° 38.

Les copartageants ou colicitants peuvent prendre une inscription de privilége en vertu d'un partage ou d'une licitation sous seings privés ; n° 38 *bis*.

Sur quels immeubles le copartageant doit faire frapper son privilége pour le montant de sa soulte ; n° 39.

PRIVILÉGE DE L'ARCHITECTE, MAÇON ET AUTRES OUVRIERS, SUR LES BATIMENTS, CANAUX ET AUTRES OUVRAGES QU'ILS ONT ÉDIFIÉS, CONSTRUITS OU RÉPARÉS.

Ce que c'est que ce privilége ; n° 40.

Comment on le conserve ; n° 41 ;

Délai pour le requérir ; n° 42.

Inscription de l'état des lieux ; n° 43.

Inscription du procès-verbal de réception des travaux ; n° 46.

Modèles de ces inscriptions ; n°˙ 44 et 45.

Délai d'inscription de l'état des lieux en cas de vente ; n° 47.

Sur quoi repose ce privilége ; n° 48.

PRIVILÉGE DE CEUX QUI ONT PRÊTÉ LES DENIERS POUR PAYER LES OUVRIERS, ARCHITECTES, MAÇONS, ETC.

Droits et avantages des prêteurs de deniers pour payer les ouvriers ; n° 49.

Formalités à remplir pour conserver leur privilége : n° 50.

Modèle des inscriptions à faire ; n° 50 *bis.*

PRIVILÉGE DU TRÉSOR PUBLIC.

Le Trésor a un privilége sur les biens des condamnés ; manière et délai pour exercer ce privilége ; n° 51 .

Qui doit requérir l'inscription de privilége contre un condamné ? n° 52.

Modèle de cette inscription ; n° 53.

Il existe un privilége sur les biens des comptables dont on ne s'occupe qu'au chapitre *des Hypothèques légales;* n° 54.

Le donateur n'a pas de privilége à conserver pour raison des charges imposées au donataire ; n° 231 *bis.*

PURGE ORDINAIRE.

Ce que c'est que la purge des hypothèques, n° 233.

La purge n'est pas obligatoire ; n° 234.

Elle est fort utile ; n° 235.

Pour qu'une purge soit bien faite, il est essentiel que la vente renferme un établissement de propriété très-complet ; n°ˢ 225 *bis*, 235 et 236.

Formalités à remplir par l'acquéreur ; n° 236.

Qui doit supporter les frais de purge et d'ordre ? n° 237.

Moyens plus simples pour arriver à rendre un bien libre d'inscriptions ; n° 238.

Un acquéreur peut se passer du ministère des avoués ; n°ˢ 238 et 239.

Quand un acquéreur veut consigner son prix, ce qu'il doit faire ; n° 240.

La purge des hypothèques ordinaires est simple à faire depuis la loi du 21 mai 1858, et l'acquéreur peut arriver facilement à rendre son bien libre d'inscriptions ; n°ˢ 233 à 240.

PURGE LÉGALE.

La purge des hypothèques ordinaires n'empêche pas les hypothèques légales de subsister ; n° 241.

Ce qu'il faut faire pour purger les hypothèques légales ; n° 242.

Cas où un acquéreur peut se dispenser de la purge légale ; n° 243.

Une purge légale est dispendieuse; n° 244.

C'est à l'acquéreur à payer les frais de purge légale ; n° 245.

Cas où la purge légale est indispensable; n° 246.

L'acquéreur, par suite de saisie, est dispensé de la purge légale; n° 247.

———

QUITTANCES DE LOYERS (voir le mot *Transcription*).

———

RADIATIONS DES INSCRIPTIONS (voir le mot *Inscription*).

RANG DES HYPOTHÈQUES DES PRIVILÉGES (voir les mots *Priviléges* et *Inscription*).

RÉDUCTION DES INSCRIPTIONS EXCESSIVES (voir n°ˢ 200 à 203).

RENOUVELLEMENTS D'INSCRIPTIONS.

Il est utile de renouveler l'inscription de privilége ; n° 18.

Qui doit faire ce renouvellement? n° 19 (voir, au surplus, le mot *Transcription*).

SUBROGATIONS DANS LES INSCRIPTIONS.

Il n'a pas de privilége à conserver; n° 231 *bis*.

La transcription d'une donation intéresse le donataire seul; n° 231 *bis*.

Cas où les baux doivent être transcrits; n° 232.

Cas où les quittances et les cessions de loyers doivent être transcrites; n° 232.

TRANSPORT DE L'HYPOTHÈQUE SUR D'AUTRES IMMEUBLES; n° 191.

VENDEUR.

Ce qu'il faut faire pour conserver son privilége; n°⁵ 5 à 11.

Il vaut mieux pour le vendeur que son privilége soit conservé par la transcription que par une inscription de privilége; n° 11 *bis*.

Moyen pour le vendeur d'arriver à ce que son privilége soit conservé par la transcription de la vente; n° 11 *bis*.

Dangers des actes sous seings privés pour le vendeur; n° 14 *bis* et 225 *bis*.

Ce que le vendeur a à craindre quand la vente qu'il a faite n'est pas transcrite; n° 6.

Recours contre le vendeur par son acquéreur; n° 209.

La transcription intéresse le vendeur; n° 221 (voir pour tout ce qui concerne les intérêts du vendeur, les mots *Priviléges* et *Transcription*).

VENTE.

Ce qu'il faut pour qu'une vente soit bien faite; n° 210 (au titre *Contrat de vente*).

Dangers des ventes sous seings privés; n°ˢ 14 *bis* et 225 *bis*.

Il y a des ventes qui sont dispensées de la transcription; n°ˢ 37 et 212.

Utilité, dans une vente, de l'établissement de la propriété; n° 225 *bis* et 230.

FIN.

Paris.—Imprimé par E. Thunot et Cᵉ, rue Racine, 26.

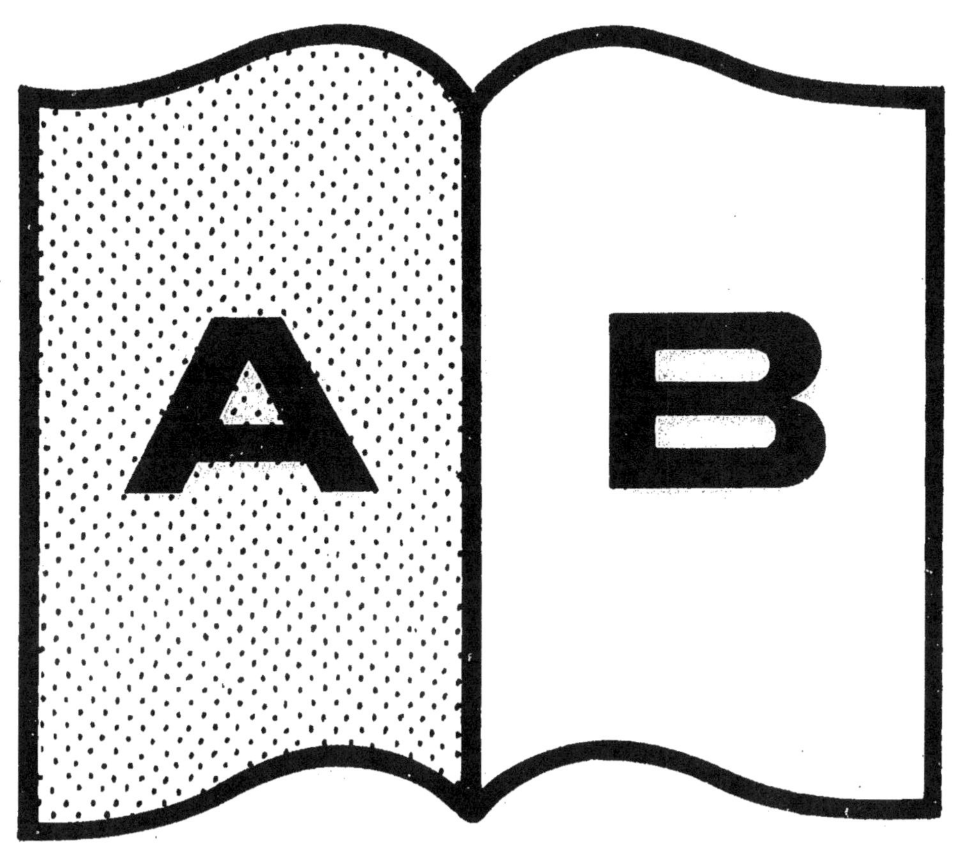

Contraste insuffisant

NF Z 43-120-14

www.ingramcontent.com/pod-product-compliance
Lightning Source LLC
LaVergne TN
LVHW050402060726
842524LV00002B/438